仏像歳時記

關 信子

東京堂出版

仏像歳時記

はじめに

仏像は信仰の遺産

『歳時記』と聞いてまず思い浮かぶのは、俳句の季語を四季または十二ヶ月順に分類して説明や例句を加えた書物であろう。しかし、もとは一年の季節に応じた歳事や、祭事・行事、自然現象・風物など百般を分類し解説した書物のことだった。

そこで『仏像歳時記』と題して仏像と関係の深い年中行事を取り上げ、日本人と仏像の関わりを見ていこうと思う。

日本人はどのように仏像を拝んできたのだろうか。

今は宝物館や美術館・博物館で鑑賞されている仏像も、かつては信仰の対象だった。仏像を法会や行事の場で見直すことで、仏像本来の姿に近付いてみよう。

種々雑多な仏を信仰

仏教は本当に不思議な宗教だ。釈迦が説いた教えから出発したにもかかわらず、拝むのは釈迦の像だけではない。

奈良の興福寺を例にあげると、建ち並ぶ多くの堂塔には、それぞれ異なる仏像が安置されており、正月は不動明王に祈祷《きとう》、二月は釈迦涅槃図の前で涅槃会《ねはんえ》、四月は釈迦の誕生を祝う灌仏会《かんぶつえ》、さらに智慧《ちえ》を授かろうと文殊菩薩に習字を奉納する文殊会、七月は弁天祭、と行事ごとに異なる仏に香華《こうげ》が手向けられる。

寺院ごとの歴史や宗派によって一概には言えないが、多くの日本の寺院には多種多様な仏像・仏画が伝えられており、臨機応変に様々な仏を拝んで来た。その結果、言葉は悪いが、種々雑多な仏が共存共栄してきた。

もちろんキリスト教の教会でも、特別な聖人のための祭壇があったり、何か物語を持つマリア像を特に信仰するような例はある。しかし、仏の種類の多さは、これとは比較にならない幅広さ奥深さである。

なぜ多くの仏を信仰するようになったのか、まずその経緯を説明してから、本題に入ることにしたい。

目次

夏

秋

冬

〈仏像目次〉

各仏像の行事の頁を示した。［　］内は図版頁。五十音配列。

〈凡　例〉

＊「春・夏・秋・冬」の章立ては、明治の新暦導入以前の歳時記の慣例にそって、1月～3月を「春」、4月～6月を「夏」、7月～9月を「秋」、10月～12月を「冬」とした。したがって、たとえば、新暦では桜の季節に開催され、春の行事のように思われている「花祭り（灌仏会）」も、江戸時代以前は夏の行事と認識されていたので、「夏」に分類した。

＊新暦導入後は一カ月遅れで開催されている行事に関しても、旧暦の開催時期で分類した。

＊寺院名・行事名などは、原則として通称を優先し、正式名称をカッコ内に付した。

＊所在地がわかりにくい寺院については、カッコ内に県名を付した。あるいは、寺院名の前に地域名を付した。

＊當麻寺の「當」の字は、寺院名の場合のみ旧字、その他は新字とした。

＊用語に関しては、各寺院・各行事で使用されているものを優先し、統一を図っていない。したがって、たとえば、ある行事では「まつり」、別の行事では「祭」とした。

＊引用文献は読みやすさを優先し、句読点を付す、カタカナをひらがなに変えるなどした。

変化に富んだ仏像の世界

釈迦の時代の礼拝対象

釈迦（釈尊《しゃくそん》）は、紀元前五世紀頃、ガンジス川流域で法を説いた。弟子たちは釈迦の言葉を尊重し、それを集めて経典を編集。経文《きょうもん》の最初には必ず「如是我聞《にょぜがもん》」、つまり「このように私は聞きました」と書いた。この「私」とは、釈迦の直弟子阿難《あなん》と考えられている。

釈迦の死（入滅）からしばらくの間、人々は釈迦の面影を偲びつつ、その教えを正しく守った。この時期に崇拝の対象としたのは、釈迦ゆかりの土地や品物、釈迦の遺骨（舎利《しゃり》）で、釈迦の像を造り拝むようなことは決して無かった。

やがて遊行遍歴よりも定住化の傾向が強まり、僧院内で学問が盛んになると、釈迦を超人化・神格化し始める。この段階で、釈迦の前世《ぜんせ》やこの世での出来事を造形化するようになった。

そのような物語の場面には、当時インドで信仰されていた神々（梵天《ぼんてん》や帝釈天《たいしゃくてん》、四天王など）が脇役として登場し、その姿は表現されたが、この段階でも、釈迦の姿は、法輪や菩提樹などの象徴で表したり、透明人間のように存在を暗示する手法を用いて、人間像で表現することは避けていた。

仏像が登場、諸仏が誕生

しかし、一世紀頃、従来の仏教の考え方、すなわち「修行こそ悟りへの道」と考え、出家を重視する立場を否定する一派が現れ、すべての人を悟りに導く教えとして「大乗仏教」を提唱した。北インドのガンダーラや中インドのマトゥラで礼拝像として仏像を造るようになったのは、ちょうどこの時期で、その背景にはギリシア系美術の影響があったと見られている。

また、時を同じくして仏の種類も急増した。大乗仏教では、釈迦を俗界を解脱した存在と捉えるので、釈迦如来以外にも正しい悟りを得たもの、すなわち「如来（仏陀）」が存在すると考えるようになり、西方の阿弥陀如来、東方の薬師如来、あるいは時間軸で過去・現在・未来の三世《さんぜ》の諸仏などが誕生した。

さらに、仏になろうと修行中のもの、すなわち「菩薩」も信仰の対象とするようになり、一気に仏の世界が広がった（観音菩薩・地蔵菩薩など）。

古代インドの民俗宗教バラモン教や神話に登場する神々、さらに仏教が広まった周辺地域で拝まれていた既存の神々も仲間に加えられ、それらは「天部」と総称された（吉祥天・毘沙門天など）。

やがて釈迦の時代から千年余り、七世紀のインドでは、最終段階として、絶対最高の仏として大日如来を創造し、根本仏である大日如来がすべての仏を統括すると考えた。この教えは、秘密の儀式（密儀）の際に呪文（真言とも陀羅尼《だらに》とも言う）を唱えることから「密教」と呼ばれ、大日如来が姿を変えた「明王」という新たな尊格も編み出した（不動明王・愛染明王など）。

融通無碍《ゆうずうむげ》とか変幻自在と言ったら、仏教学者や僧籍におられる方に叱られそうだが、仏教は、新たな仏を創造し、既存の神を自在に取り込みながら、信者や信仰地域を広げて行った。このことで、一般の人々にも親しみやすく魅力的な宗教となって行ったのである。

奈良国立博物館の「なら仏像館」には、このようにして仲間を増やした様々な仏像が、数多く展示されている。「なら仏像館」の仏像を例に、まず、仏像の種類の違いを見ておこう。

様々な仏像

薬師如来像
この像では持っていないが、左手に薬壺を持つことが多い

釈迦如来像
右手で施無畏印《せむいいん》、左手で与願印《よがんいん》を結ぶこの姿は、どの如来像にも共通

阿弥陀如来像
手の位置は色々だが、親指と人差し指で輪を作ることが多い

大日如来像
如来ながら例外的に菩薩の姿に表現される

如来の作例

如来とは、悟りを開いたもののこと。「仏陀」、略して「仏」ともいう。釈迦（釈尊《しゃくそん》）の入滅《にゅうめつ》から数百年たつと、釈迦如来のほかに、阿弥陀如来や薬師如来などの諸仏が考え出され、やがて密教では、根本仏として大日如来が編み出された。

出家された釈迦の姿が形の基本。凡俗の人間とは異なる理想的な存在であることを示す様々な身体的な特徴を備えている。薬師如来以外、持物は原則として持たない。

菩薩の作例

菩薩とは、「上求菩提《じょうぐぼだい》 下化衆生《げけしゅじょう》」といって、自ら悟りを開くことを目指すとともに衆生を教化救済することを誓い、現在修行中のもののこと。三尊像として如来の両脇に表現されるが、独立で信仰された菩薩も多い。

出家前の釈迦の姿、すなわちインドの貴族の姿が基本。髪を高く結い、様々な装身具を身につける。

地蔵菩薩像
頭を剃った僧の姿に表現され、錫杖を持つのが基本

十一面観音菩薩像
代表的な変化《へんげ》観音で、多くの顔を持ち、独尊で信仰された

文殊菩薩像（東京国立博物館）
この例では四人の従者を連れている

Image:TNM Image Archives

五大明王像
中央が不動明王

明王の作例

明王は「持明使者《じみょうししゃ》」ともいい、如来の真意を捧げ持って悪を破砕する使者である。

生やさしい方法では救済しがたい相手を威力で仏法に導く役割を担うので、激しい忿怒《ふんぬ》の表情を見せ、武器を手にする。大日如来が姿を変えた不動明王は例外だが、目や顔や腕、時に足の数までも人間より多い。

愛染明王像
全身真紅の忿怒形《ふんぬぎょう》で、三面六臂《び》、獅子の冠をいただく

天部の作例

仏教成立以前からインドで信仰されていたバラモン教や民間信仰の神々を仏教世界の中に取り入れ、仏法を護る善神（護法神《ダルマパーラ》）、あるいは世を護る神（護世神《ローカパーラ》）として位置付けたもの。名前に「天」がつくことが多いので天部と総称される。

女性神・武装神など変化に富んでいる。

兜《と》跋《ばつ》毘沙門天像
二匹の鬼を従えた地天女《ちてんにょ》が両手で支える特別な毘沙門天

増長天像
四天王像のうち

吉祥天像
中国唐代の女性の姿に表現するのが通例

■写真協力
文殊菩薩像はTNM Image Archives。そのほかはすべて奈良国立博物館（撮影：森村欣司）

日本に伝来した仏教

六世紀、中国から朝鮮半島を経由して日本に伝来したのは、釈迦（釈尊）の時代から千年の歴史を経て、豊かな仏像世界を伴った仏教だった。日本人は、時が流れる間に幾多の文化の影響を受け複雑に変容した仏教・仏像を、新来文化の象徴として受け入れていった。

仏教を知った当初は、仏を「蕃神《あだしくにのかみ》（外国の神）」と呼び、信ずべきか否かで論争したが、すぐに憧れの眼差しで礼拝するようになり、やがて「国神《くにつかみ》」と上手に調和させた。奈良時代には、外来の仏と日本固有の神を同一視することが、早くも始まった。

日本の仏教は、その後も、空海・最澄が唐から密教を学んで帰って来たように、あるいは禅僧が来日して禅宗を伝えたように、常に新たな思想を中国から受け入れ続けたので、仏像の世界もますます複雑化し、広大なものとなっていった。

四季の国の仏教行事

多様な経緯で外来文化として入って来た仏教を、日本人は、日本文化の中で自由自在に解釈し直し、まさに自家薬籠中《じかやくろうちゅう》のものにしていった。本来は季節の変化とは縁遠かった仏教儀礼も、農作業と深くかかわる伝統的な祭事と融合させ、いつしか年中行事として定着させていったのである。

寺院内部の厳格な儀礼はさておき、日常生活に深く入り込んだ行事を中心に取り上げ、信仰の遺産としての仏像の世界に近付いてみよう。近年は彫像として評価鑑賞することの多い仏像も、かつては様々な祈りを捧げる信仰の対象だった。そのような仏像本来の姿に近付くために、四季折々の仏教行事や法会を訪ね、日本人と仏像の永い歴史を垣間見てみよう。

はる

春

迎春行事

◇朝廷の正月儀礼

年頭の最も重要な仏教儀礼は、宮中で行われた御斎会《みさいえ》（「ごさいえ」とも読む）と御修法《みしほ》だった。御斎会は奈良時代に始められた。大内裏の正殿である大極殿において、仏法による鎮護国家を説く『金光明最勝王経《こんこうみょうさいしょうおうきょう》』が講義され、吉祥天の前で国家安穏・五穀豊穣を祈願する儀礼が盛大に挙行された。

一方の御修法は、正式には「後七日御修法《ごしちにちのみしほ》」と言い、唐から密教を伝えた弘法大師空海の進言によって、大極殿の北西に仏事専用の施設である真言院が建てられ、そこで行われた。創始は承和《しょうわ》元年（八三四）と見られている。

宮中では、元日から七日まで節会《せちえ》があり、御斎会と御修法はそれに続く八日から十四日に修された。同時期に二つの法会が行われたように見えるが、御斎会が顕教の修法で昼間に行われ、鎮護国家が祈願されたのに対して、御修法は秘儀性の強い密教の修法で夜に行われ、その中心は、天皇の召される御衣《おおんぞ》を祈祷して玉体の安穏を祈る「御衣加持《みそかじ》」だった。

御斎会は、室町時代に絶えたが、御修法は、中断の時期があったものの続けられ、明治の神仏分離以降は、東寺（教王護国寺）の灌頂堂で旧儀に即して行われている。現在も、宮内庁の勅使によって運ばれてきた御衣に神泉苑（平安京造営の際に設けられた苑池、現在もその一部が残る）で汲まれた香水《こうずい》が注がれ、祈祷が行われるという。結願《けちがん》の十四日、すべてが終わった道場は「後拝み」として一般に公開されている。

◇庶民の正月行事

御斎会や御修法のような公式の法会は貴顕のものだったが、庶民も年頭には神社仏閣に参拝し、新年の平安を祈った。江戸時代には、その年に縁起が良いとされる方角「恵方《えほう》」の社寺に詣ることがはやった。

普段の生活では神や仏と縁遠い現代人の多くも、新年を迎えるに当たっては少し敬虔な気持ちになって、神社や寺院へ初詣に行き、一年の平安を祈願する。

その際、神と仏、どちらに頭を垂れるかはあまり意に介されていないようだ。神と仏を区別しない「神仏の御加護」、あるいは「神様仏様」のような表現が日常的に使われていることから見れば、これはむしろ自然なことなのであろう。

神社と寺院を区別しないでそのどちらかに、あるいは両方に詣でるばかりか、神様と仏様あわせて七個所を巡る「七福神参り」も、江戸時代以来盛んである。

日本人が神にも仏にも心を寄せて頼りとしてきた姿を、迎春行事の「初詣」と「七福神参り」を例に見てみよう。

初詣

◉初詣の参拝先

初詣《はつもうで》は、最も多くの日本人が神社仏閣へ詣る機会であろう。その際、人々は神社と寺院のどちらに行くかをどのように決めているだろうか。

信州の上田に近い村で越年した時のこと、地元の方に初詣に誘っていただいた。迎えに来てもらったのは夜中の十一時頃で、まず寺に行き、除夜の鐘を撞《つ》いてから本堂で拝礼。やがて日付が替わり、今度は五分ほど歩いて神社に詣で、神前で柏手《かしわで》を打った。

これを「二年参り」と呼び、深夜十二時をはさんで必ず寺と神社の両方に参るのだと聞いた。伝統的な「年籠《としごもり》」の習慣の残るこの初詣の形は、各地で見られるようだ。

池上本門寺（東京） 寺院でも、新年を迎える準備に門松を飾り注連縄を張る。門松は年神様を迎える依代であり、注連縄で年神様が来臨される神聖な場所を区別する。

初詣の人出ベストスリーは、例年、明治神宮・成田山新勝寺・川崎大師（平間寺《へいげんじ》）だという。このほか寺院では、浅草の浅草寺、大阪の四天王寺、奈良の東大寺など、神社では、京都の伏見稲荷大社、大阪の住吉大社、鎌倉の鶴岡八幡宮などに、日付の変わる頃から多くの人々が詣でる。

寺院と神社、人々はどのような理由で参拝先を選ぶのだろう。除夜の鐘の音が響くのは寺院だが、そこで柏手を打つ光景も目にするし、神前で合掌する姿も多い。どうも人々は新年の平安を、神様と仏様、どちらに祈るかにあまりこだわっていないように見受けられる。

◉親しかった神と仏

しかし、このことをいぶかる必要は全く無い。仏教が朝鮮半島から伝来し崇仏派と廃仏派が争った飛鳥時代初期（六世紀中頃）は別にして、すでに奈良時代（八世紀）には、日本人にとって神と仏は近いもの親しいものになっていた。同一視することさえ少なくなかった。奈良時代には神社の傍らに神宮寺《じんぐうじ》を建立するようになり、平安時代にはそれが当たり前となった。神社に仏像を安置することもあり、「八幡大菩薩」のように、神々に仏の名前である菩薩号さえ付けたのである。

神前での読経や、神社への経典の奉納も盛んだった。平清盛があの豪華な平家納経を奉納した先は厳島神社であり、清盛は、厳島神社に祀られた女神の本来の姿（本地《ほんじ》）と考えられていた十一面観音菩薩に対して『法華経』など計三十三巻を奉納して、平家一門の繁栄を祈願したのだった。

では、寺院の場合はどうだったかというと、寺院の境内には、その土地を守護する神をまつる鎮守《ちんじゅ》が造営された。また、奈良時代中期の東大寺創建の際、九州の宇佐《うさ》から八幡神《はちまんじん》の分霊を迎えて以来、よそから祭神を招いて神社を併設することも少なくなかった。ちなみに、宇佐から東大寺に迎えられた八幡神の分霊は、平重衡の南都焼討ちで社殿が焼失するまでは、大仏殿前の鏡池の東、つまり大仏殿のすぐ脇に鎮座し、東大寺八幡宮と呼ばれていた。

このような状況は、「神仏混交《こんこう》」とか「神仏習合《しゅうごう》」と呼ばれる。神と仏を明確に区別しないのは、いわば日本の伝統であって、信仰心の希薄な現代人に限らないのである。個別に事情があり一概には言えないが、おおむね仏教が優位に立って日本古来の神々を取り込んでいた感が強かった。

◉神仏分離後も

しかし、江戸時代に国学が盛んになると、神道側から反撃運動が興った。さらに、明治政府が出した「神仏判然」「神仏格別」の法令（後世、「神仏分離令」と呼ばれる）を機に、それまで軒を並べていた神社と寺院、違和感なく同居していた神と仏は袂《たもと》を分かつことになった。先に例とした東大寺八幡宮（南都焼討ち後は東大寺の南の現在地に移動）は手向山《たむけやま》八幡宮と名前が変えられ、独立した神社となった。

この神仏分離政策の実態は仏教排斥運動、いわゆる「廃仏毀釈《はいぶつきしゃく》」だったので、地域によっては寺の建物や仏像が次々に破棄され、寺院の数が激減した。六割の寺院が何らかの被害を受けたと言われている。

しかし、明治政府の政策は一過性だったので、多くの日本人は、日本の神と外来の仏を分け隔て無く信仰してきた伝統を忘れなかった。それゆえ、現代人も、神社と寺院、あまり迷うことなくどちらか一方に、あるいは両方に初詣するのである。

◉寺院にも年神様

新年を迎える準備に、様々なところに門松などの松飾りが飾られるが、これは、新年の年神様《としがみさま》（歳徳神《としとくじん》）を迎える依代《よりしろ》である。それが寺院の山門や本堂などに飾られている光景を見ても、我々は違和感を感じない。また、年神が来臨する神聖な場所をほかと区別する注連縄《しめなわ》が寺院の様々な場所に張られた光景や、年神様への供物である鏡餅が仏堂の本尊像に供えられた情景も見慣れている。

これは、森羅万象、多様なもの多彩な現象に神を感じ、それらを畏敬して来た日本人が、寺院や仏像もそのような有り難い対象と捉え、新年にはそこにも年神様を迎えたい、年神様が来て下さる、と思った証しといえるであろう。

七福神参り

開運招福を祈って巡礼

◉七福神の出身地

辞書で「七福神」と引くと、「福徳の神として信仰される七柱《はしら》の神」、あるいは「幸福を招くという七人の神」などの説明に続けて、恵比寿・大黒天・毘沙門天・弁才天・福禄寿・寿老人・布袋の名前が挙げられている。

七福神は、「七柱」という数え方にも表れているように、まさに神様扱いで、『仏像歳時記』には似つかわしくないようにみえるが、これらの神々のうち、名前に「天」が付く大黒天・毘沙門天・弁才天は、実は仏教尊像である。

大黒天も毘沙門天も弁才天も、インドで古来からそれぞれ個別に信仰されていた。仏教は、それらの神々を仏教守護の護法神として、仏教尊像の中に取り込んだのである。その結果、釈迦（釈尊《しゃくそん》）の時代以前からインドで信仰されていた神々が、仏像の一員として遠く日本の地にまで伝来したのである。

漢訳仏典では、このようなインド出身の神々を、名前の最後に「天」を付けて「〇〇天」と呼んだので、それらは「天部」と総称されている（13頁参照）。

天部は、仏像をグループ分けした「如来・菩薩・明王・天部」の四グループの最下層に位置付けられるのだが、天部の中には、如来や菩薩や明王と同等もしくはそれ以上に信仰された例もある。七福神に組み入れられた大黒天・毘沙門天・弁才天も、そのような人気の高い天部で、多くの寺院や神社で特別な信仰を集めてきたのである。

ちなみに、残る七福神四柱のうち、恵比寿は、狩衣《かりぎぬ》に指貫《さしぬき》（袴）、風折烏帽子《かざおりえぼし》という姿からわかる通り、日本の神で、右手に釣竿、左脇に鯛を抱えた姿から想像されるように、もとは漁民の神だった。ただし、戎《えびす》や夷《えびす》とも書かれるように、異国の神と観念されていた。残る福禄寿・寿老人・布袋は、中国の伝説上の人物で、布袋は唐代末の禅僧と伝えられている。

◉七福神の信仰

このように七福神は、インド・中国・日本と出身地の異なる三国の神様のいわば寄り合い所帯である。そのような七福神をひとつのグループとして信仰するようになった時期は室町時代で、初期には、寿老人と福禄寿は同体異名の神だとして、代わりに吉祥天、あるいは猩々《しょうじょう》（酒を好むという想像上の動物）が加えられていた。

これら七福神に対して人々は、長寿や財力・出世などの現世利益を祈願した。日本の伝統行事の多くが農耕儀礼に端を発し、主に農村を舞台に行われたのに対して、七福神の信仰は都市社会で発展していった。

室町時代には、七福神に仮装して練り歩く風流《ふりゅう》行列などが出現し、江戸時代になるとますます盛んになった。七福神を瑞祥のしるしとして美術や芸能の題材にするようになり、七福神が乗り合わせた宝船が縁起物として流行した。

そのような宝船の版画を、良い初夢を見るために枕の下に入れて寝る風習があった。室町時代には、宝船を描いて将軍に進上した記録があるという。正月二日の夜に見るのを初夢とした江戸では、宝船の版画をお宝売りが「おたから〜、おたから〜」と二日に売り歩き、節分の夜に見るのを初夢とした関西では、それを寺社が節分に授けたという。

正月二日の夜、折り紙で作った帆掛け船に「なかきよの　とおのねふりのみなめさめ　なみのりふねのおとのよきかな（長き夜の　遠の眠りのみな目覚め　波乗り舟の音の良きかな）」という回文歌《かいぶんか》（上下どちらから読んでも同文になるように作った歌）を書いてもらい、枕の下に入れて寝たことを思い出すが、この風習は今も続いているのではないだろうか。

宝船　江戸時代以来、各地の七福神巡りでは、様々な縁起物が頒布されたが、一番人気は宝船だった。本図は、宮絵師の安川如風師が描いた宝船で、宝物があふれる帆掛け船に七福神が乗り合わせている。

◉七福神を巡る

このような七福神に対する信仰があって、正月に七福神を順に巡る風習が生まれた。

それは、江戸時代中期に江戸と大坂でほぼ同時に始まったと見られており、十九世紀初頭の『享和雑記』には、「近頃正月初出《はつもうで》に七福神参りといふ事始りて、遊人《ゆうじん》多く参詣する事となれり」、また、天保九年（一八三八）の『東都歳時記』には、「正月、日不定、七福神参」と書かれている。初期には寺社七カ所の構成は流動的で、参詣人が思い思いに七カ所を巡るような形だったらしいが、次第に固定化していった。

江戸で最古と言われているのが、「谷中七福神」で、このほかにも「隅田川七福神」「山手七福神」などの巡拝コースが成立し、これらはほぼ当初の姿で今日まで続いている。

少し異色なのは京都で、京都の年中行事に詳しい『日《ひ》次《なみ》記事』（延宝《えんぽう》四年（一六七六））は、正月七日の項に、「俗間、福を祈るもの」として、「宇賀の神」「恵美須」「虚空藏」

宝船（鳥山石燕『百器徒然袋（ひゃっきつれづれぶくろ）』より）　七福神が乗り合わせる帆掛け船には宝物が満載。七福神信仰は都市部で発達し、様々な縁起物が作られた。

「毘沙門天」「弁財天」「吉祥天」「大黒天」をあげている。つまり、七神のうち五神が仏教尊像なのである。その京都で、定まった七福神を巡るようになったのは、やはり十九世紀になってからで、「東山七福神」が最初と言われている。

「七福神参り」は、「七福神詣で」「七福神巡り」「福詣で」などとも呼ばれ、富貴を願う世相を反映してか、今日も盛んに行われている。徒歩で巡るもののほかに、鉄道の沿線で七寺社を組み合わせたものや、サイクリングのため、観光バスで巡るためなど様々なコースがあり、一説では、その数が全国で三百を超えるという。

一神教《いっしんきょう》の国では考えがたいことだろうが、日本では、初詣の行き先を寺院にするか神社にするかにあまりこだわらない。それと同様の理由で、七福神参りも行われているのであろう。神か仏かを深く考えず、ひとまとめに「七福神」と呼び、礼拝して来たのである。八百万《やおよろず》の神がいます日本では、インド出身の仏様も中国出身の神様も分け隔て無く崇《あが》めた証《あかし》が七福神なのだと言えよう。

修正会・修二会

◇国家行事の「吉祥悔過」

諸国に国分寺・国分尼寺の造営を命じた聖武天皇が重視した『金光明最勝王経《こんこうみょうさいしょうおうきょう》』には、為政者がこの経典で国を治めれば、四天王をはじめ吉祥天や弁才天などの諸天善神が国を守護する、と書かれている。

聖武天皇と光明皇后の間に生まれた女帝称徳天皇（孝謙天皇が重祚《ちょうそ》）は仏法による鎮護国家政策を継承し、神護景雲《じんごけいうん》元年（七六七）、同経をもとに諸国の国分寺に命じて、毎年正月に一七日《いちしちにち》（七日間）、昼は同経の講義、夜は「吉祥悔過《けか》」を厳修《ごんしゅ》させることにした。年頭に当たり、国家安穏・五穀豊穣・万民快楽《けらく》を祈願させたのであり、これが後に「修正会」と呼ばれる法会の初見と見られている。

「吉祥悔過」とは、吉祥天の前で「悔過」を行うことを言う。では悔過とは何かというと、自らの罪や過失を仏前で悔い改めることで利益《りやく》を願う儀式のことで、飛鳥時代から行われていた。

特に奈良時代中期には、一年間に犯した罪を反省し、ひたすら仏名《ぶつみょう》（仏の名前）を唱える「悔過《けか》会《え》」が盛んだった。薬師如来や阿弥陀如来、十一面観音菩薩や千手観音菩薩など諸尊の前で盛んに行われ、それぞれ「薬師悔過」、「阿弥陀悔過」などと呼ばれた。

このような流れの中で、特に正月には、護国経典である『金光明最勝王経』の講説と吉祥天に対する悔過がセットで行われるようになったのである。なお、吉祥悔過の本尊となったのは、この法会に関する規定によると、仏画の吉祥天像であった。

◇民間行事の「修正会」「修二会」

やがて、この法会は春迎えの民間習俗と混ざり合いながら津々浦々の寺院に普及する。平安時代中期からは、正月に行われる法会ということで「修正会《しゅしょうえ》」、あるいは略して「修正」と呼ばれるようになった。

さらに同様の法会は二月にも行われ、それは「修二会《しゅにえ》」あるいは「修二月会」と呼ばれた。

修正会・修二会が盛んだったことは、十世紀末に源為憲が尊子内親王のためにまとめた仏教入門書『三宝絵』にも語られている。

法会の内容は基本的に同じで、豊作を祈る造《つく》り花《ばな》（紙や布で作られた造花）や餅が供えられた。平安後期の仏教説話集『今昔物語』には、比叡山で修行し故郷の摂津に戻った僧が、「修正」で中心的役割を果たし、沢山の餅をもらった話が載っている。

岩手の黒石寺《こくせきじ》、京都の法界寺《ほうかいじ》、大阪の四天王寺、岡山の西大寺などで一月あるいは二月に行われる裸祭りも、行事の核の部分は修正会である。裸の男衆が群れる様は厳かな悔過から程遠く感じられるが、新年に幸あれと願う気持ちは昔も今も同じであろう。

吉祥天に新年の平安を祈願

東大寺の修正会

◉吉祥堂から羂索堂へ

東大寺大仏殿の北に建つ宝蔵正倉院には、今なお多くの人々を魅了して止まない奈良時代中期の美しい品々が数多く納められており、大仏（毘盧遮那《びるしゃな》如来像）が開眼供養された法会の様子や、聖武天皇・光明皇后の日常生活を、昨日のことのように伝えている。一方、大仏殿の東の山裾に建つ法華堂《ほっけどう》（三月堂）には、ちょうど同じ頃に東大寺で新年の平安と豊作を祈る「吉祥悔過《けか》」の本尊だった吉祥天像と弁才天像が伝えられている。

この二像が祀られていたのは、「吉祥堂」という建物で、吉祥悔過はそこで行われていたようだ。院政期にまとめられた史料集『東大寺要録』は、「吉祥堂」が天暦《てんりゃく》八年

東大寺法華堂　奈良時代の修正会は、吉祥天像・弁才天像を本尊とする「吉祥堂」で行われていたが、平安時代に吉祥堂が焼失。２像は法華堂に移され、一時期、ここで修正会を行った。

（九五四）に焼失したので、それ以降は「吉祥御願《ごがん》」を「羂索堂《けんさくどう》」で行った、と記している。羂索堂とは、不空羂索観音菩薩像を本尊とする法華堂のことであるから、この時にこの二像を吉祥堂から法華堂に移し、吉祥悔過は法華堂で続けられたのである。

なお、近年の法華堂修理以降、この二像は東大寺ミュージアムに安置されている。

◉東大寺法華堂の吉祥天像・弁才天像

では、吉祥天像と弁才天像を見てみよう。両像とも我が国最古の吉祥天像であり、弁才天像である。

像高は二メートルあまり。材木を組み上げた骨組みに縄を巻き、その上に荒土から細かい土まで順に盛り上げる塑造《そぞう》という技法によって造られている。顔の一部や腕などが破損し、表面の彩色も失われて下地が現れているが、当初、髪は黒く肌は白く、幾重にも重ね着をした衣裳は色鮮やかに彩色され、細かく切った金箔を貼る截金《きりかね》で装飾されていた。ふくよかな顔には唐風の化粧が施されていたに違いない。

両像ともに手先が破損し、持物を失っているが、吉祥天は右手に宝珠を持っていたと想像される。弁才天は八《はっ》臂《ぴ》、すなわち八本の腕を持ち、手には弓・箭《や》・刀・鉾《ほこ》・斧・長杵《ちょうしょ》・鉄輪《かなわ》・羂索という武器の数々を持っていたはずである。弁才天というとよく知られた琵琶を奏でる二臂の姿は『大日経』など密教経典による造像で、『金光明最《こんこうみょうさい》勝王経《しょうおうきょう》』が説く弁才天は、このような八臂の姿であった。

吉祥天と弁才天は、仏教尊像の中では数少ない女性像である。造像当初は、中国風の華やかな衣装をまとった華やかで美しい像だったに違いない。正倉院の宝物同様、盛唐文化に強くあこがれていた奈良時代の息吹に包まれていたことであろう。

◉東大寺の修正会

正月ごとに罪や過失を懺悔する「吉祥悔過」が、このような妖艶な姿の像の前で繰り返されていたのである。

東大寺の「吉祥悔過」がいつ頃まで法華堂で続けられたかは定かではないが、先の『東大寺要録』には、「正月講堂修正」が一日から七日夜まで、と書かれているの

吉祥天像（東大寺法華堂） 造像当初は、中国風の美しい衣装をまとった華やかな像だった。

弁才天像（東大寺法華堂） 聖武天皇が護国思想の規範とした『金光明最勝王経』が説く弁才天は八臂で武器を持っていた。

で、院政期には、「修正会」が講堂（大仏殿の後の建物）で行われていたようだ。

鎌倉時代の修正会は大仏殿を舞台とし、舞楽《ぶがく》なども奉納された。応仁の乱以降は中断していたが、江戸時代に再興され、現在も大仏殿で一月七日に「初夜《しょや》」と「後夜《ごや》」の法要が営まれている。

その時、大仏さまには特別の鏡餅が供えられる。それは、三本の柱状に積まれた小餅の上に大きな鏡餅を載せた独特の壇供《だんく》（供物）で、「笠餅」と呼ばれている。神護景雲《じんごけいうん》元年（七六七）、諸国の国分寺に命じて始められた「吉祥悔過」は、このように姿を変え、いかにも農耕民族の正月行事にふさわしい形で今も続いているのである。

金堂に響く声明の声

法隆寺の修正会

◉平安時代からは金堂で

新たに始まる一年の平安を年頭に祈る修正会《しゅしょうえ》は、薬師寺・金剛峰寺など各地の大寺院をはじめ、村々の仏堂で今も行われている。

法隆寺では、一月八日から七日間にわたり、金堂で吉祥悔過《けか》を中心に行われている。その本尊となるのは、飛鳥時代に止利仏師により造られた金銅仏の釈迦三尊像と、その両脇に立つ木造の吉祥天像・毘沙門天像である。

この組み合わせも、東大寺の修正会（吉祥悔過会）と同様に『金光明最勝王経《こんこうみょうさいしょうおうきょう》』「四天王護国品」によるもので、吉祥天像・毘沙門天像は、修正会のために平安時代後期に新たに造立された。

法隆寺金堂（『奈良六大寺大観』より） 飛鳥時代に建てられた金堂では、今も極寒の時期に７日間にわたり１日６回の「六時の行法」が行われ、国家安泰・五穀豊穣が祈られる。

その時の事情が、寺の記録『金堂日記』に遺されている。それによると、法隆寺では、金堂の後ろに建つ講堂で画

毘沙門天像(法隆寺金堂)　造立された承暦二年(1078)から1度も災難に遭っていないので、彩色が美しい。

吉祥天像(法隆寺金堂)　講堂で行われていた修正会を金堂に移すために、毘沙門天像と一対で造られた。

像の本尊に対して修正会を行っていた。しかし、金堂が閉鎖されたままになりがちな状況を改善するため、法会の場を金堂に移すことにし、これを機に、画像に替わる新たな彫像を造ったのだという。

承暦《しょうりゃく》二年（一〇七八）正月七日に造り始め、十月八日に金堂を開き、十一月十二日に安置。十二月二日に（開眼）供養したことが細かく記録されている。平安時代の仏像で、このような造像の経緯がわかる例は極めて珍しい。

法隆寺の修正会は、このようにして翌承暦三年から会場を金堂に変えて行われ、今日まで絶えることなく金堂で続けられているのである。

◉吉祥天像・毘沙門天像

吉祥天は、インド神話の幸福と美の女神ラクシュミーを起源とする女神で、功徳天とも呼ばれる。毘沙門天は、須弥山（仏教の説く聖山）の四方に住む四天王のうちの北方を守護する多聞天のことなのだが、独尊でも信仰され、その場合は毘沙門天と呼ばれて来た。ともに衆生に福徳を授けると説かれ、密接な関係にあったことから、日本では、この二尊を夫婦と見るようになった。すでに『三宝絵詞』（平安時代中期の仏教説話集）には「吉祥天女は毘沙門の妻なり」と書かれている。この説は、経典に典拠が無いにもかかわらず広まり、やがて毘沙門天を中心に、妻の吉祥天と子供の善膩師童子を脇に配する三尊像も造られた。

両像を見てみよう。像高が吉祥天は一一六・七センチ、毘沙門天は一二三・二センチと等身大よりも小振りなのは、釈迦三尊像に合わせたためと思われる。吉祥天は中国式の着物を重ね着し、右手を下げ、左手に宝珠を捧げる。毘沙門天は甲冑をまとい、右手に宝塔、左手に戟をとる。いずれも動きを控えたおとなしい姿をしている。

造立された承暦二年という時期は、仏師定朝の次世代の活躍期で、いわゆる寄木造りが普及していたが、両像の場合は大きさが小さいこともあって、頭頂から足下の足枘《あしほぞ》までの主要部分を檜の一材から木取りし、それを前後二材に縦に割矧ぎ、内刳りを施すという保守的な技法で造られている。華麗に彩色され、部分的に截金《きりかね》文様が施されているが、保存状態が極めて良好なので、それらが美しく残っている。

◉金堂で六時の行法

勤行《ごんぎょう》は、前日に当たる一月七日の夕刻に始まる。参加する僧と世話役が、西院《さいいん》伽藍の東側、聖徳太子像を祀る聖霊院《しょうりょういん》に集まり、法会の開始を聖徳太子に報告する。その後、いったん退出して翌朝に再び聖霊院に集まるのだが、退堂の時、かつての参籠（お籠もり）の名残りで、木枕の上に袈裟と数珠を置いておくのだという。

そして、八日の未明に再び聖霊院に集まる。そこで袈裟を着けた僧は、まだ暗い五時に金堂へ移動し、いよいよ「六時の行法」を始める。六時の行法とは、晨朝《じんじょう》・日中《にっちゅう》・日没《にちもつ》・初夜《しょや》・中夜《ちゅうや》（半夜《はんや》）・後夜《ごや》と一日に六回行う行法で、これが最終日十四日の結願《けちがん》まで続けられる。

法会の中心は、導師《どうし》を務める管長を中心に僧が声を合わせて歌い上げる声明《しょうみょう》である。吉祥天・毘沙門天をはじめ諸仏の徳を讃え、犯した罪を反省する懺悔《さんげ》が繰り返し唱えられる。また、椿の葉を撒きながら堂内を巡り歩く散華《さんげ》行道《ぎょうどう》が行われる。

◉祈りの伝統

日本の寺院や神社を訪れていると、そこに何とも言えない神聖な空気が漂い、何か特別な時間が流れているように感じられる時がある。

永く忘れ去られ近代に再発見されたインドや中国の石窟寺院では感じることのできない独特の雰囲気。それは、様々な儀礼を繰り返し、絶えることなく祈りの法灯を灯《とも》し香華を供え続けて来た証なのではないだろうか。

厳冬に法隆寺を訪ねた時のこと、回廊に囲まれた西院伽藍を、金堂・五重塔とゆっくり拝観しているうちに、ふと気が付くといつしか参拝客の姿が消えていた。冬はもともと人出が少ないが、その時は警備員の姿も見えなかった。

全く人気の無い境内、まるで聖徳太子の時代に迷い込んだような不思議な錯覚に陥り、かけがいのない至福の時間を楽しんでいると、やがて一陣の風が吹き、激しく雪が降ってきた。

その時の夢のように美しい光景は、三十数年たった今も鮮明に蘇って来る。

秘仏に捧げる「南無観」

東大寺のお水取り

◉「お水取り」の名前の由来

東大寺の修二会《しゅにえ》は、旧暦ではもちろん二月に行われ、舞台となる建物も二月堂と呼ばれて来た。しかし、新暦では、三月一日から二週間にわたり本行が行われる。

本行中は、毎夕、練行衆《れんぎょうしゅう》と呼ばれる僧（近年は十一人）が二月堂に上がる際、一人ごとに一本の大松明《おおたいまつ》が先導する。松明の起源は僧の足下を照らした灯火で、それが次第に巨大化したのだという。

僧を堂内に無事送り届け、役目を終えた大松明は、崖の上に建つ二月堂の舞台へ運ばれ、夜空を焦がして燃えさかる。舞台の下は、その燃え残りを御守りに持ち帰ろうとする人々で立錐の余地も無い。

本行の十二日目には、深夜に麓の井戸から水を汲んで仏に捧げる「お水取り」が行われる。二月堂の外で行われるこの行事が注目を集めたことから、修二会全体も「お水取り」と呼ばれるようになった。松明も、この日は一回り大きな「籠《かご》松明」なので、境内はあふれんばかりの人出となる。

◉中心は「十一面観音悔過」

火と水の祭のように見える修二会だが、法会の中心は「十一面観音悔過《けか》」である。二月堂本尊の十一面観音菩薩像に向かって罪を懺悔《さんげ》し、人々の平安や豊穣を願う年初の法要なのである。

練行衆は、一日一度限りの食事となる昼食を二月堂下

の参籠所食堂で終えると、二月堂に登って日中・日没を勤める。そして、参籠所での小憩ののち、夕刻に松明に導かれて再び入堂し、初夜《しょや》・半夜《はんや》・後夜《ごや》、日付が替わる頃に晨朝《じんじょう》と、計六回（六時と呼ぶ）の行《ぎょう》を行う。

悔過では、十一面観音の容貌や威力を讃え、「南無《なむ》観自在菩薩」、あるいは「南無観自在」、さらにつづめて「南無観」「南無観」と繰り返し唱える。「南無」は、心から帰依しますという意味で、「観自在菩薩」は観音さまのこと。わかりやすく言えば、「観音さま命」と唱え続けるのである。

緩急・高低・強弱と変幻自在な斉唱の声はあたかも宗教音楽のようで、聴いていて飽きることがない。天まで届けと歌われるグレゴリオ聖歌にも似た「南無観」の声は、夜が更ければ堂外まで響き、二月堂全体が荘厳な雰囲気に包まれる。

「お水取り」の勤行の内容は、日によって微妙に異なり、その詳細は丁寧に研究され公開されている。日々、経典が読誦され、神々の名前を

十一面観音菩薩像光背（東大寺） この光背により、二月堂本尊像の姿を想像することができる。

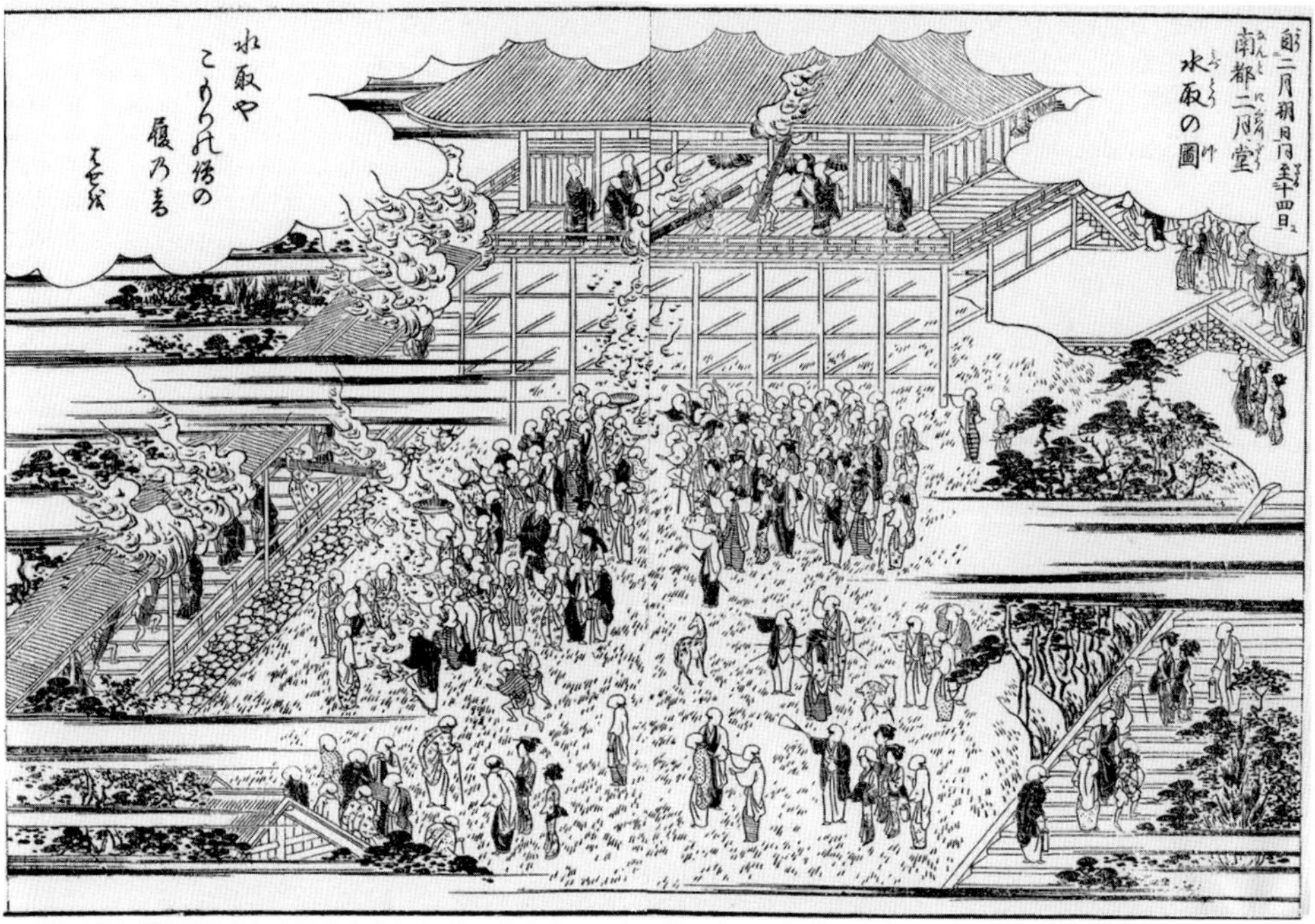

水取の図（『諸国図会年中行事大成』より）　今と変わらない修二会のお松明の光景で、鹿も見に来た様子が描かれている。芭蕉が参拝したのは、火災後に再建された二月堂。現在もその建物で修二会が行われている。

連ねた神名帳や過去帳などが読み上げられ、密教的な修法や五体投地が行われる。芭蕉が「水取りや　こもりの僧の　沓の音」と詠んだのは、右繞行道する「走り」である。最後の三日間には、火と水の祭典「達陀《だったん》」が行われる。特別ないわれに因んだ行事も多い。

法要は内陣で行われるが、誰でも、周囲の局と呼ばれる小部屋や正面の礼堂《らいどう》（西局）から、その様子を垣間見ることができる。もちろんこれらは本来信者が籠もるための施設なのだが、ほの暗い灯明の下で繰り広げられる祈りの世界は不思議な魅力に満ちており、多くのファンが何日も、あるいは何年も通い続ける。

◉「お水取り」の歴史

「十一面観音悔過」を始めたのは、東大寺の初代別当（長官）良弁に師事し、東大寺造営に深くかかわった僧実忠《じっちゅう》である。

良弁は、大仏殿と東西両塔を中心とする大伽藍の東大寺を、国家事業として平地に造営したが、若き日に修行したのは東方に連なる山中だった。そこには、東大寺に先行するいくつかの仏堂があり、やがて法華堂《ほっけどう》（三月堂）が建てられたと見られている。

実忠も、そのような大仏殿を見下ろす高台で十一面観音悔過を始めた。その時期は、四月に大仏が開眼供養された天平勝宝《てんぴょうしょうほう》四年（七五二）の二月で、それ以来、千二百六十余年、絶えることなく祈りが捧げられて来たのである。

実忠が十一面観音悔過の場とした二月堂の建物は、増改築はあったものの、驚くべきことに江戸初期まで健在だった。平安末期、大仏殿をはじめ大半の堂塔が焼失した平重衡《しげひら》の南都焼討ちの際にも、火を受けながら焼けずに済み、戦国の争乱も生き延びて、法華堂（三月堂）とともに奈良時代の面影を留めていた。

しかし、寛文《かんぶん》七年（一六六七）の修二会の最終日、堂内からの出火で焼失してしまった。二年後、元通りに再建されたのが現在の建物なのである。

本尊像は金銅《こんどう》仏（鍍金した青銅の仏像）だった。その像について、練行衆の日記は、火勢がすさまじく鎔《と》けるかと恐れたが「小毀損」も無く不思議だった、と伝えている。その像は厨子に納められ、再建された二月堂の内《ない》陣《じん》に安置され、現在も本尊となっている。その光背は大小の破片に割れた状態で別途保存されている。

◉二月堂の本尊像

では、十一面観音菩薩像はどのような姿なのだろうか。あれだけ光背が損傷を受けているので、像が無傷だったはずは無かろうが、奈良時代盛期の東大寺の仏像なのだから、傑作に違いない。

是非とも一目拝みたいと思うのだが、正真正銘の秘仏で厨子の扉は固く閉じられている。しかし、別途保存された光背と天衣の断片から、二メートル近い背丈の立像と想像されている。薬師寺東院堂《とういんどう》の聖《しょう》観音菩薩立像《りゅうぞう》を一回り大きくしたような、盛唐文化の影響を強く受けた見事な像であろう。

二月堂には、もう一体「小《こ》観音」と呼ばれる十一面観音菩薩像がおられ、こちらも小さな厨子に入った秘仏である。実忠は、最初、この像の前で悔過を行っていた可能性が高いと考えられている。

二週間にわたる修二会の前半は大《おお》観音、後半は小観音が本尊とされる。その交代劇は、難波津《なにわづ》に流れ着いた小観音を東大寺に迎えた様子を再現する形で三月七日に行われる。まず七日の夕刻、轅《ながえ》が付き輿《こし》の形をした厨子が礼堂に移され、境内の梅・椿・水仙で荘厳《しょうごん》される。その厨子を、後夜の行のあとで内陣の正面まで運ぶのだが、練行衆が、直接目にすることはできない小さな観音像に心をこめてかしずく有様が感動的だ。

このような光景に接すると、日本人にとって仏像とは何ぞやとの思いに駆《か》られる。実忠は、大観音にしろ小観音にしろ、仏像を礼拝しながら修行したに違いない。しかし、後世の人が秘仏としたのである。

それは、仏像の影響で造るようになった神像を人々は決してじかに拝まなかったのと同質の行為だったのだろう。あまりに有り難く思うあまり、厨子に納めたに違いない。

◉春の訪れを告げる「お水取り」

二月堂の麓《ふもと》には、仏に供える香水《こうずい》（閼伽《あか》）を汲む閼伽井屋《いや》をはじめ、練行衆の宿所と食堂《じきどう》からなる参籠《さんろう》所、台所に当たる仏餉屋《ぶっしょうのや》、湯船《ゆぶね》を備えた湯屋《ゆや》が建ち並び、厳かな雰囲気に包まれている。

修二会中の宿所に、恩師の名代《みょうだい》で銀座「空也《くうや》」の最中《もなか》を何度かお届けしたことがある。室内は女人《にょにん》禁制なので、練行衆の方々とは庭先で焚火《たきび》に当たりながらしばしば談笑させていただいたのだが、竹の懸花入《かけはないれ》に生けられた藪《やぶ》椿を目にし、心和《なご》んだことを思い出す。

半世紀近く前には、本行二週間の前半や、約十日間の準備（「別火」と呼ばれる前行）の頃には、手水鉢

写真協力：一般財団法人奈良県ビジターズビューロー（撮影者：木村昭彦）

お水取りの光景　お水取りは火の祭りでもある。参籠所を出た僧を二月堂まで先導した松明は役目を終え、舞台の上で振り回されて燃えさかる。その燃え残りを人々は拾い、水田の水口に差すなどお守りにしてきた。

の水や手水用の手ぬぐいが凍った日があった。先日、練行衆の若い僧と参籠所の前で立ち話をさせていただいた折に、それを話したところ、「昔話で聞いています」とのお返事だった。やはり地球は温暖化しているのであろう。

　奈良に春の訪れを告げると言われる「お水取り」。結願《けちがん》（最終日）の頃には、境内の馬酔木《あせび》の蕾もふくらみ、春の足音が近付いて来る。結願の三月十五日は、旧暦では涅槃会《ねはんえ》の日である。二月堂でも涅槃講が勤められる。

涅槃会

◇西行も憧れた釈迦の死

「ねがはくは　花のしたにて春死なん　そのきさらぎの望月《もちづき》の頃」と鎌倉時代の歌人西行は詠んだ。

如月《きさらぎ》の望月、つまり二月十五日はお釈迦様が逝去されたと考えられている日である。この歌には、桜が咲く季節の満月の頃という意味以上に、僧でもあった西行の、釈迦にあやかってこの世を去りたい、との強い願いが籠められている。

釈迦（釈尊《しゃくそん》）の死は、「入涅槃《ねはん》」「入滅《にゅうめつ》」と表現される。「涅槃」は梵語《ぼんご》ニルヴァーナあるいはニッバーナの漢訳で、一切の煩悩から解脱《げだつ》した状態を意味する。インドでは、ある一生の次にはその結果に応じた次の一生が待っており、生は永遠に繰り返すと考えられていた。

この輪廻転生《りんねてんしょう》の輪からの離脱こそ理想であり、それを涅槃と呼んだ。悟りを開いた釈迦の死を、生死を超越した素晴らしい涅槃の境地と捉《とら》えたのである。

末期《まつご》を自覚した八十歳の釈迦は、中インドのクシナガラで、遺言となる最後の説法を行った。その時の教えが『大般涅槃経《だいはつねはんぎょう》』である。そこには、臨終の情景に加えて、一切の衆生は仏性《ぶっしょう》を有するという理念が、多彩な比喩を交えて説かれている。

その『大般涅槃経』をもとに命日に行われるのが、釈迦の遺徳を偲ぶ涅槃会である。

◇巨大な涅槃像

玄奘(三蔵法師)は、バーミヤンで「千余尺」の釈迦涅槃像を見たと『大唐西域記』に書いている。タリバンによる大仏爆破以降、周辺地域の発掘が進んでいるので、頭から足までの長さが三六〇メートルを超える超巨大像の存在が明らかになる日も、近いと思われる。

玄奘は釈迦終焉の地クシナガラでも涅槃像を拝した。それは、グプタ時代、五~六世紀に造られた全長六メートルを越える砂岩の像で、今なお巡礼者が跡を絶たない。布が掛けられ寝姿に見える像を前に、大理石の床に跪《ひざまず》き、あたかも臨終を見守るかのように長時間祈り続ける人々の姿には、心打たれる。

インド仏教は国家権力と距離を置いたので、巨大仏は稀だが、涅槃像だけは特別だったようだ。アジャンタ石窟の涅槃像も七メートルを超えている。奥行きの深い石窟の側壁に沿って横たわる釈迦像の顔は、入口から差し込むかすかな光に照らされ、実に美しい。

スリランカやタイなど釈迦信仰のあつい国々でも大きな涅槃像が数多く造られ、礼拝の対象となっている。

理由はよくわからないが、日本でも、明治以降は巨大涅槃像が次々に造られている。名古屋市徳源寺の丈六《じょうろく》像はなかなかの美作だし、九州には四一メートルもの像があると聞く。

◇桜と満月

西行は冒頭の歌を五十代で詠み、十数年後の文治《ぶんじ》六年（一一九〇）二月十六日に亡くなった。望みから一日遅れのこの日を現行の暦に換算すると、三月三十日になる。「花のしたにて」という願いもかない、桜と満月を愛でて世を去ったに違いない。

涅槃図にも、沙羅双樹の梢の上空に満月が描かれることが多い。

十字架に磔《はりつけ》にされたイエス・キリストの画像や彫像を見るのはつらいが、日本の涅槃図に描かれた釈迦は、悲報を聞いて駆けつけた弟子や神々、様々な鳥獣、時には昆虫にまで見守られ、安らかに横たわっている。生きとし生けるものに惜しまれた釈迦の最期《さいご》は、西行ならずともあやかりたくなる理想的な死の光景と言えよう。

アジャンタ石窟の涅槃像　インド仏教は国家権力から距離を置いたので、巨大仏は稀だが、涅槃像は大きな像が造られた。全長 7.1㍍。入り口から差し込む光を受けた釈迦の顔が美しい。

興福寺の涅槃会

◉インド・中国の涅槃像

インドでは、涅槃像《ねはんぞう》や涅槃図ではなくストゥーパ（仏塔）が、釈迦（釈尊《しゃくそん》）の遺徳を偲ぶ礼拝の対象だった。また早くから、釈迦の晩年から入滅《にゅうめつ》、火葬、その後の舎利（釈迦の遺骨）の分配などの場面を浮彫で表現した。各場面のエピソードは、パーリ語の『大般涅槃経《だいはつねはんぎょう》』とかなり対応しているという。

日本人になじみのある〝寝釈迦〟の形で死後の釈迦を表現するようになったのは、北インドのガンダーラで、二～三世紀のことであった。釈迦入滅の地クシナガラで今も人々に礼拝されている巨大な涅槃像が造られたのは、五世紀後半から六世紀、アジャンタ石窟の涅槃像が彫られたのは六世紀と見られている。

中国では、雲崗石窟や竜門石窟に涅槃場面の浮彫があるが、おもしろいことに、釈迦は横臥ではなく仰向けに寝る姿に表現されている。六世紀になると涅槃会が行われていたことが記録されている。

中国は舎利信仰が盛んだったが、隋の初代皇帝文帝《ぶんてい》は、仁寿《にんじゅ》元年（六〇一）から全国百州に合計百十一基の仏塔を建立した。これは、舎利の埋葬を釈迦の埋葬と受け止めて仏塔を建立したものと理解されている。

敦煌石窟には涅槃の場面を描いた壁画が多いが、特に唐代には、巨大な塑造の涅槃像と壁画を組み合わせた「涅槃変相《へんそう》」が造られた。

興味深いのは、比叡山の僧円仁が中国の五台山で見た涅槃の群像である。釈迦像の丈《たけ》は一丈六尺（約五メートル）あり、ほかに摩耶夫人《まやぶにん》が悶絶倒地する像や、四天王や八部衆が手を挙げて慟哭、あるいは目を閉じて観念する姿が表現されており、経の説くところと全く同じだったと、旅行記『入唐求法巡礼行記《にっとうぐほうじゅんれいこうき》』に詳しく報告している。

◉日本の涅槃図

日本でも、興福寺や東大寺では奈良時代から、近江の石山寺では勅願により平安初期から涅槃会を行った。その法会の本尊となったのは、舎利だったのだろうか。それとも、釈迦入滅の有様を大画面に描いた「涅槃図」だったのだろうか。

涅槃図は、応徳《おうとく》三年（一〇八六）の銘がある金剛峯寺の作例を筆頭に、遺例が極めて多い。中世以降は版本の原画に色彩を施した例も見られることから、涅槃会が盛んだった様が想像できる。

涅槃図は、大画面の中央に寝台に横たわる釈迦、その周囲に嘆き悲しむ弟子や菩薩、四天王や八部衆など、寝台の四方に沙羅双樹、そして画面手前に悲報を聞いて集まった様々な動物が描かれている。

動物は、古くは一頭も登場しない例や獅子のみの例もあるが、次第に種類が増え、あたかも動物図鑑のようになっていく。異国の動物や架空の動物、鳥や蛇や虫まで描き、その数が八十七種に及ぶ作例も知られている。作例は少ないが、猫も登場する。

◉興福寺の常楽会

涅槃には、「常・楽・我・浄」の四つの徳が備わっているという。常住不変なので常、安楽で苦を超越しているので楽、何事にも拘束されないので我、迷いがなく無垢清浄なので浄。つまり「常楽我浄」を備えた涅槃とは、極楽浄土にいるように何も心配のない平安な境地のことらしい。

「常楽我浄」の四つの徳から、涅槃会は常楽会とも呼ばれた。現在でも、真言宗では常楽会と呼ぶようだ。

歴史上もっとも有名な興福寺の涅槃会も、常楽会と呼ばれることが多かった。その歴史は奈良時代にさかのぼるが、『菅家本《かんけぼん》諸寺縁起集』の「常楽会初事」は、貞観《じょうがん》二年（八六〇）に尾張出身の僧寿広が常楽会として確立したと伝えている。それは、舞楽四箇《しか》法要の大法会、つまり、舞楽法要と、「唄《ばい》・散華《さんげ》・梵音《ぼんのん》・錫杖《しゃくじょう》」という趣向の異なる四種の声明《しょうみょう》（声楽）からなる大規模な法会であった。

「常楽会」といえば興福寺の涅槃会を指すほどの人気だった。仏教説話集『三宝絵詞《さんぼうえことば》』や『今昔物語集』は、参列が果たせなかった熱田明神《あつたのみょうじん》のために翌日にも法会を行ったエピソードや、この法会に参詣すれば罪業《ざいごう》が滅し極楽浄土に往生できると信じられていたことを伝えている。死んで冥途に行くと、閻魔王から、汝は山階寺《やましなでら》（興福寺のこと）の涅槃会に行ったかと聞かれるので、興福寺涅槃会に参詣した道俗男女はみな仏前の「唐花（散華か?）」を持ち帰り、この法会に参列した証拠にしようとしたと伝えている。

興福寺の塔頭禅定院で室町時代に行われた涅槃会では、灯りと仏供がそれぞれ五十二、供物として供えられた。この五十二という数が、釈迦入滅の時に参集したとされる生類が五十二種だったという故事にちなんでいたことは言うまでもない。二尊院（京都）で鎌倉時代に行われた涅槃会でも、五十二種類の供物が供えられた。

現在の興福寺の涅槃会は、極楽のようだと評されたほど華やかだった昔とは打って変わったしめやかな法要が、本坊（東金堂の東）の北客殿で行われている。一般人も参拝可能で、江戸時代の「涅槃図」を間近に拝観することができ、甘酒のお接待も頂戴できる。

◉お釈迦様の命日

涅槃会の季節としては、寒い二月より、月遅れ（旧暦）の三月がふさわしいように思える。

旧暦では、涅槃会の頃が農耕の開始時期に当たっており、この日を期して農作業を始める地域も多かったという。また、この時期に吹く風は、「涅槃西《にし》」「涅槃西風」と呼ばれて、西方の極楽浄土からのお迎えの風と信じられて来た。この冬の雪はこれでおしまい、との気持ちを込めた「涅槃雪」という言葉もある。

現在も、二月あるいは三月の十五日には各地で様々な行事が行われる。高さ六メートル、三本の松明を燃やす

涅槃図（興福寺）　四対の沙羅双樹のもと、仏弟子や神々に囲まれ釈迦が横たわる。上空からは摩耶夫人が飛来し、手前には悲報を聞いて様々な動物が集まっている。図の左右には、涅槃前後の八相場面。

清凉寺（京都嵯峨の釈迦堂）の御松明《おたいまつ》は、もとは釈迦が荼毘《だび》に付される光景を偲ぶ行事であり、三月と十月の十五日に行われる善光寺（長野）の御会式《おえしき》も、三月のそれは涅槃会にちなむと聞く。

　このような寺院主催の大きな法会以外にも、「ねはん講」「こどもねはん」などの民間行事が行われ、「涅槃団子」や「やしょうま」、「はなくそあられ（はなくそは「花供御《はなくご》」の訛《なま》ったものといわれる）」など、この日には特別な菓子が今も作られている。天候の呼び名になったり、地域の行事になるほど、お釈迦様の命日は庶民生活にとけ込んでいたのである。

　釈迦の死去から二千数百年という年月を経て、しかもインドから遠く離れた日本の地で、釈迦の忌日が特別な日として意識され、多様な法会や行事が行われ続けていることに、何か仏教の不思議を感じずにはいられない。

涅槃像の前で

善光寺世尊院の涅槃会

◉釈迦涅槃像

東南アジアに伝わった仏教は、南伝仏教あるいは上座部仏教と呼ばれ、釈迦信仰を中心としている。そのような地域のスリランカやタイ、ミャンマーには、大きな釈迦涅槃像を本尊とする寺院が少なくないが、日本の寺院では稀である。

日本で一番古い涅槃像は、法隆寺（奈良）の五重塔に安置されている塑造の群像で、寺の記録に、和銅《わどう》四年（七一一）の作と書かれている。釈迦入滅の悲しみを全身で表現する十大弟子像が印象的な群像だが、塔の四方に四つの場面を表現したものであり、この前で涅槃会を修することは無かったであろう。

善光寺世尊院　かつての善光寺本堂は世尊院と向かい合っていた。そのことを物語るように、本堂御開帳の時には、世尊院の前にも回向柱が立てられ、善の綱によって涅槃像と結ばれる。

日本の涅槃会では掛軸の涅槃図を用いるのが一般的だった。しかし、文化財として指定された釈迦涅槃像も三十数例知られており、もちろんこれらの像の前でも涅槃会が行われて来たに違いない。

室町時代の『真如堂《しんにょどう》縁起絵巻』（真正極楽寺《しんしょうごくらくじ》〈京都〉）には、平安中期の長保《ちょうほ》元年（九九九）二月十五日、寺を興した戒算上人が、真如堂の二階に丈六《じょうろく》（約五メートル）の涅槃像と十大弟子像を安置し、遺教会（涅槃会のこと）を営んだ様子が描かれている。

この絵巻に描かれた涅槃群像は、唐代に中国へ渡った円仁が五台山で見た光景を彷彿とさせるが、真如堂は、円仁ゆかりの阿弥陀像を本尊とする寺である。

鎌倉時代、釈迦を篤く敬愛した栂尾《とがのお》高山寺の明恵上人も、彫像の涅槃像の前で涅槃会を行った。明恵は、釈迦の遺徳を称賛する『四座講式（涅槃講式・十六羅漢講式・如来遺跡講式・舎利講式）』を書き上げたことで知られている。『四座講式』は、講式（節をつけて読まれる文）の最高傑作と言われており、高野山の涅槃会などで、今も夜を徹して読み上げられている。

◉世尊院の涅槃像

「世尊」とは、世の中でもっとも尊い人という意味で、釈迦（釈迦は種族の名前なので、釈迦牟尼《しゃかむに》、あるいはその尊称である釈尊《しゃくそん》と呼ぶのが正しい）の尊称である。その世尊を院号とする世尊院は、善光寺（長野）の塔頭で、善光寺本堂に向かう仲見世の東の小路に西向きに建っているが、かつての善光寺本堂は、世尊院の反対側に東向きに建っていた。つまり、世尊院と善光寺本堂は、もとは向かい合っていたのである。

そのことを物語るように、善光寺御開帳の際は、本堂の前と同じように、世尊院の前にも回向柱が建てられる。

さて、世尊院の本尊像は涅槃像である。等身大（像高に当たる全長は一六六センチ）の銅像で、幾重にも重ねられた綿入りの布団の上に横たえられている。

重量は約四八七キロだという。これだけの重量のせいで、像は布団に深く沈み込んでいて、あまりよく見えない。江戸時代には江戸・京都・大坂などに出開帳され、人気を博したというのだが、この重さを考えると、移送

大雲院涅槃会の図（『諸国図会年中行事大成』より） 宝形造りの屋根がかかった御輿に乗せて涅槃像が運ばれている。その前後には傘を差し掛けられた僧の姿、笙や横笛・太鼓を奏でる楽隊も描かれ、にぎやかな様が偲ばれる。

はさぞ大変だったことであろう。

世尊院では、涅槃会に涅槃図を掲げて絵解きが不定期で行われている。堂内は百名を超える参拝者であふれ、今は涅槃会にのみ、この像も、布団に沈み込んだお姿で開帳されている。

「京の立《たち》釈迦、信濃の寝《ね》釈迦」と古くから言われているが、「京の立ち釈迦」とは、三国伝来の像として名高い嵯峨清凉寺の釈迦如来立像のことである。清凉寺の像も出開帳の常連だったので、並び称されたのであろう。善光寺には、もう一体、鎌倉時代の銅造涅槃像（像高五二センチ）が大勧進に伝わっている。

◉京都の大雲院では輿に乗せ

もう一例、彫像の涅槃像が本尊となった涅槃会を紹介しよう。それは、本能寺の変で世を去った織田信長・信忠父子の菩提を

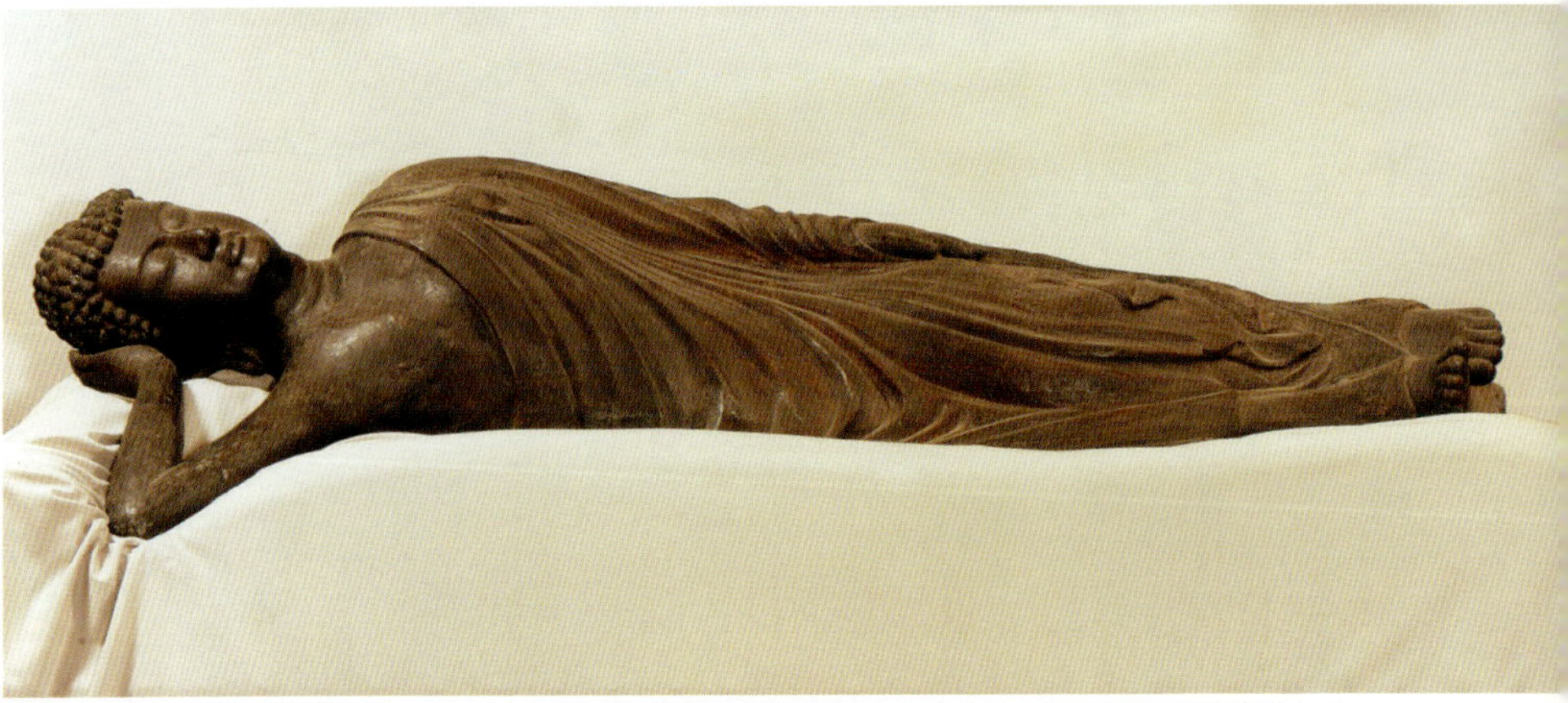

涅槃像（善光寺世尊院）　涅槃像には、両腕を体側に沿わせた姿の像と、この像のように右腕を折り手枕とする姿の像がある。この像は等身大ながら銅造なので、その重量は487キロ。出開帳の移送はさぞ大変だったであろう。

弔うために建てられた大雲院《だいうんいん》（京都）の涅槃会である。

大雲院の涅槃会では、身の丈が七〇センチほどの涅槃像が輿に乗せて運ばれた。本堂から羅漢堂まで「行楽《みちがく》」を演奏しながら行道し、そこで舎利会を行い、再び本堂へ戻る一日がかりの法会で、文化三年（一八〇六）刊行の『諸国図会年中行事大成』には、蓮台を枕に横たわる釈迦像を輿《こし》で運んでいる様子が描かれている。

大雲院のもとの寺地は二条烏丸で、その後、秀吉が寺町通りに移し、近年、東山の現在地に移転した。したがって、この図絵に描かれている涅槃会が行われていたのは、寺町通りの大雲院だったことになる。大雲院の涅槃会は、戦前まで続いていたと聞く。

江戸時代の俳人小林一茶は、涅槃会に詣でて、「御仏や　寝ておはしても　花と銭」と詠んでいる。一茶が見た「御仏」は、涅槃図だったのだろうか、それとも涅槃像だったのであろうか。

大報恩寺の遺教経会

◉大報恩寺の歴史

大報恩寺は承久《じょうきゅう》三年（一二二一）の創建と伝えられるが、本堂は、昭和二十六年（一九五一）の解体修理の際に発見された棟札と棟木によって、安貞《あんてい》元年（一二二七）の上棟であることが判明した。

大報恩寺の建つ西陣は、西陣織で有名だが、応仁の乱の際、西軍が陣を置いたところからその名が付いた地域で、十一年に及ぶ戦乱により付近一帯は焼け野原となった。しかし、大報恩寺の本堂（通称　千本釈迦堂）だけは奇跡的に焼け残り、京都市内で現存最古の建造物として知られている。

その本尊の釈迦如来坐像も、光背・台座・天蓋まで含め、

大報恩寺本堂　安貞元年 (1227) 上棟の京都市内最古の建物である。堂内空間の広い造りになっているので、大勢での釈迦念仏がこの堂内で行われたと想像される。現在も智積院の僧により遺教経会が行われている。

さらに眷属の十代弟子像まで含めて当初の像が伝わっている。

釈迦如来像は、運慶と並び称された仏師快慶の一番弟子行快の作で、等身大（像高八九・三センチ）、鋭いまなざしを見せる精緻な作である。快慶の好みを踏襲して、肉身部分は鈍い光の金泥塗り、着衣部分は輝く金箔仕上げとしている。

十大弟子像の像高は一メートル弱、うち二体に快慶の銘がある。十体は、姿勢や着衣、表情などに変化があると同時に統一感も感じられ、見事な群像となっている。晩年の快慶の指導により、本尊像と同時に快慶の工房で制作されたと見られる。

◉『徒然草』が伝える「釈迦念仏」

『徒然草』に、次の一文がある。

千本の釈迦念仏は、文永の比、如輪上人、これを始められけり

「千本」は、卒塔婆の数にちなむとも言われる平安京北郊の地名で、北に葬送地の船岡山があり、今も寺院の多い地域である。大報恩寺本堂は、そこに建つことから「千本釈迦堂」と呼ばれてきた。この地域が西陣と呼ばれる以前からの呼称である。

『徒然草』は、その「千本」の（涅槃会の）「釈迦念仏」を、「文永《ぶんえい》」（一二六四～一二七五年）のころに、「如輪上人」が始めたものと伝えているのである。如輪上人は、法然上人の弟子澄空のことで、大報恩寺の二世である。

つまり、鎌倉時代初期に建てられ現在も残る大報恩寺本堂では、快慶一門の手になる釈迦像・十大弟子像の前で、鎌倉中期に涅槃会の釈迦念仏が始められたというのである。大報恩寺本堂は堂内空間の広い造りになっているので、大勢で行う釈迦念仏は、創建当初から想定されていた可能性が高いであろう。

◉大報恩寺の遺教経会

さて、大報恩寺では、涅槃会の法要を「釈迦遺教経会」と称している。『遺教経』は、釈迦が入滅《にゅうめつ》に際し、弟子

たちに最後の説法をした情景を描くことから、釈迦の遺徳を偲ぶ法会では、『涅槃経』とともに重要な経典である。

　つまり、『徒然草』が伝える「千本の釈迦念仏」は、涅槃会の法要のことなのだが、それを庶民は「千本釈迦念仏」と呼び、寺では「釈迦遺教経会」と呼んでいるのである。仏教用語はとかく難しいので、行事や法会が地域に密着してくると、通称で呼ぶようになる。外の者にはわかりにくいのだが、「千本釈迦念仏」は、それだけ地元で愛された歴史を持つ法会と理解できよう。

釈迦如来像（大報恩寺）（『日本彫刻史基礎資料集成』より転載）　像内に「巧匠　法眼行快」と朱漆で銘が書かれているので、快慶の一番弟子行快が法眼の位について以降の作とわかる。『徒然草』が伝える「千本の釈迦念仏」はこの像の前で行われた。

　かつては、二月九日から十五日まで一週間におよんだが、現在は月遅れの、さらに一週間遅れで、三月二十二日のみの法要となっている。新義真言宗智山派の本山、東山智積院《ちしゃくいん》の僧が集まって『遺教経』を独特の節回しで訓読し、「南無釈迦牟尼仏」と、釈尊の名号が唱和される。

　法要が終わると、外陣に懸けられた涅槃図を拝観することができる。

十三参りと文殊会

◇子供の成長を祈願

十三参りと文殊会は、親と子が参詣して子供の成長を感謝し、健康や学問成就を祈願する行事である。十三参りは虚空蔵菩薩に、文殊会は文殊菩薩に祈りを捧げるのだが、現在に続くこのような形の参詣は、江戸時代に始まった。平安な世が続いて寺子屋などが発達し、子供の学業上達に関心を持つ余裕が生まれたことで、考案された行事といえよう。

では、江戸時代以前、虚空蔵菩薩と文殊菩薩はどのように信仰されていたのだろうか。まず、虚空蔵菩薩と文殊菩薩の信仰史を概観しておこう。

◇虚空蔵菩薩の信仰

虚空蔵菩薩は、一般には馴染みの薄い仏であろう。しかし、奈良時代には、虚空蔵菩薩関係の経典が頻繁に写経されており、東大寺の大仏さま（毘盧遮那《びるしゃな》如来）の脇侍は、虚空蔵菩薩と如意輪観音菩薩であった。

さらに、奈良時代には、記憶力の造進を目的とする特別な修法「求聞持法《ぐもんじほう》」の本尊として、特筆すべき存在だった。政界に進出して権勢をふるった玄昉や道鏡をはじめ名だたる高僧が求聞持法を修していた。何より有名なのは、入唐前の弘法大師空海がこの修法を完遂し、難解な密教を容易に修学できた、と伝えられていることである。

求聞持法は、山林修行のひとつだった。山頂や樹下など閑寂清浄な場所を選んで虚空蔵菩薩像（画像が基本だが彫像の場合もあったと考えられている）を安置し、供物や花を供え、心に仏の姿を思い描きながら仏の名号《みょうごう》を誦《とな》える念誦法《ねんじゅほう》が行われた。陀羅尼（梵語で誦《とな》える呪文）を一日一万遍、百日間で百万遍行うと、満願の暁《あかつき》に明星が口に入り、ひとたび見聞きしたことは決して忘れないという求聞持の智慧《ちえ》（真理を見極める認識力）を授かることができたのだという。空海は、満願の時の体験を、「谷、響きを惜しまず、明星、来影す」と語っている。

求聞持法が修された場所の多くは、寺院として整備された。山の名前には、「虚空蔵」に関連したものが多く、虚空蔵菩薩は、山岳信仰、特に修験道と密接に関連して信仰されていった。

室町時代には、初七日から三十三回忌まで十三回の追善供養ごとの本尊を定めた「十三仏」が考え出され、虚空蔵菩薩は三十三回忌の本尊とされた。十三仏を一図に表現した十三仏図では、三列四段に諸仏を描き、虚空蔵菩薩を最上段に描くのが一般的である。

◇平安時代の文殊会

「三人寄れば文殊の知恵」と言われるように、文殊菩薩は知恵（仏教では智慧と書き、真理を見極める認識力、叡智を指す）を司《つかさど》る仏である。

文殊会の歴史は古く平安初期に遡るが、それは、後世の文殊会とは全く別の貧者救済の場だった。『文殊師利般涅槃経《もんじゅしりはんねはんぎょう》』には、文殊は、文殊を礼拝供養する行者の前に貧窮孤独の衆生の姿で現れる、と説かれている。そこで、勤操《ごんぞう》と泰善《たいぜん》という二人の僧が、畿内の村々で貧者に食料を与える私的な慈善事業を始めたのである。勤操は、平安京西寺《さいじ》の別当《べっとう》（長官）まで務めた高僧で、死後は「石淵《いわぶち》僧正《そうじょう》」と呼ばれた。

この文殊会は、天長《てんちょう》五年（八二八）からは国家恒例の勅会として全国で行われた（『類聚三代格《るいじゅうさんだいきゃく》』）。日取りは七月八日で、前後三日間は殺生が禁じられ、会衆の男女には戒が授けられた。当時の仏教説話集『三宝絵詞《さんぼうえことば》』にも、「文殊会は、はじめは僧の心ざしよりおこりて、今はおほやけこととなれり」と書かれている。

今風に言えば福祉事業に当たるこの法会の費用は、正税帳とは別の〝文殊会帳〟という帳簿で賄われ、推奨された。『栄花物語』には「七月は奈良の文殊会に参らせ給う」、『太平記』には七月のこととして「八日の文殊会」と記されている。

この文殊会の本尊となったのは、文殊といえば思い出される獅子に乗った凛々しい像ではなく、痩せた僧侶の坐像だったようだ。「僧形《そうぎょう》文殊」とか「聖僧《しょうそう》文殊」と呼ばれるこの姿の文殊像は、戒律の師表《しひょう》（手本）として、食堂《じきどう》や僧堂など僧侶の生活の場に置かれてきた。

◇鎌倉時代の文殊会

勅会の文殊会は、都の東寺・西寺を別にして、諸国では長続きしなかったが、これを補うような形で、鎌倉時代には、西大寺の叡尊《えいそん》とその門弟忍性《にんしょう》が文殊信仰による貧者救済に立ち上がった。

醍醐寺・東大寺などで真言密教を学んだ叡尊は、行者の多くが「魔道」に堕ちていることに疑問を抱き、戒律の復興を目指すとともに、社会から除外された非人の救済に尽力した。

その叡尊のもとで出家した忍性は、叡尊に出会う前から文殊菩薩を信仰し、安倍の文殊院と生駒の竹林寺に月参りをしていた。忍性が文殊院で礼拝したのは、文殊菩薩が獅子に乗り、四人の従者（優塡王《うてんおう》・善財童子・仏陀波利《ぶっだばり》三蔵・最勝老人）を引き連れた「五台山《ごだいさん》文殊」と呼ばれる像で、快慶が造像したばかりの大きな像だった。竹林寺は、『日本霊異記』や『今昔物語集』が文殊菩薩の化身だったと伝える行基の遺構で、寺の名前も、文殊菩薩の聖地である中国五台山の竹林寺にちなんでいる。文暦《ぶんりゃく》二年（一二三五）に行基の墓から遺骨や墓誌などが発見され、忍性はこれを契機に竹林寺に通い始めたと見られている。ここで礼拝したのも、もちろん五台山文殊像だったであろう。

叡尊・忍性は、社会から疎外された非人の「宿」などに文殊菩薩の画像を置いて法会を行い、食事を施すことを各所で行ったが、記念碑的な事業としては、東大寺の北に位置し、付近に非人が多く住む般若寺を復興し、そこに十二年を費やして周丈六（普通の丈六の四分の三の大きさ）の大きな騎獅文殊像を造立したことだった。叡尊は自伝『感身学正記《かんじんがくしょうき》』に、文殊菩薩の慈悲心によって貧窮苦悩の衆生を救済したいと願った、と述べている。二年後の文永《ぶんえい》六年（一二六九）には、非人二千人に布施を行った。

残念ながら、この時の像は伝わらないが、叡尊が復興した西大寺には、師の十三回忌に当たる正安四年（一三〇二）に多数の弟子が造立した文殊五尊像が伝わっている。

嵯峨の虚空蔵さん

法輪寺の十三参り

◉法輪寺の歴史

四月十三日の十三参りで有名な法輪寺は、京都嵯峨野の南、嵐山《あらしやま》の麓の寺である。参詣には、嵐山の山裾を流れる桂川に架かる橋を渡る必要があり、その橋は「法輪寺橋」と呼ばれていた。しかし、鎌倉時代後期のこと、橋を見た亀山上皇が、「くまなき月の渡るに似たり」と「渡月橋」と命名されたのだという。以来、法輪寺へは、この風雅な名前の橋を渡って詣でることになった。

法輪寺が建つこの地には、古くから渡来人秦氏《はたし》の神を祀《まつ》る社《やしろ》があったが、奈良時代、勅願により葛井寺《かずのいでら》（「くずいでら」とも）という寺が行基によって建てられた。法華八講《ほっけはっこう》（『法華経』八巻を四日間にわたり講ずる法会）を始修したことで名高い名僧勤操《ごんぞう》や、弘法大師空海が参《さん》籠《ろう》して、大きな霊験《れいけん》を受けたと伝えられている。

その空海のもとで真言密教を学び灌頂を受けた道昌《どうしょう》が、この地で求聞持法《ぐもんじほう》を修した。求聞持法とは、強大な記憶力を得るために、虚空蔵菩薩を本尊として百日間にわたり修する行法《ぎょうぼう》で、奈良時代に唐から伝えられ、空海を初め多くの僧が修めたことが知られている。

道昌は、百日目の満願の日に出現した虚空蔵菩薩を本尊として寺を再興、「法輪寺」と名付けた。天長六年（八二九）のことで、これが、今に続く寺の始まりである。

法輪寺は、清少納言が、「寺は壺坂《つぼさか》、笠置《かさぎ》、法輪」（『枕草子』）と列挙したように著名で、空也や日蓮も参詣した。しかし、京都の大半の寺院同様、応仁の乱で被災、さらに幕末の戦乱ですべて焼失し、現在の堂塔は明治以降に再建されたものである。

◉虚空蔵菩薩とは

求聞持法の本尊とされ、法輪寺に安置された虚空蔵菩薩とは、どのような仏であろうか。虚空蔵とは、「虚空がすべてを蔵しているように、無量の智慧と福徳を包蔵している」の意で、人々にこれらを与え、願いを満たして下さる仏として信仰された。

虚空蔵菩薩像（北僧坊） 今、持物は失われているが、右手は剣、左手は宝珠を持っていた形をしており、求聞持法の本尊だったと想像されている。

像容は、右手に宝剣、左手に如意宝珠を持つもの、あるいは、右手は掌を見せて下げる与願印の印相とし、左手に如意宝珠を持つものなどがある。

有名な例では、東大寺大仏殿の大仏の脇侍が虚空蔵菩薩だったし、大仏殿のうしろの講堂には、千手観音菩薩像の脇侍として地蔵菩薩と対で安置された。奈良の額安寺には奈良時代末期の像が伝わっており、日本へ求聞持法を伝えた道慈ゆかりの像と伝承されている。

求聞持法を修めた道昌は、興福寺の維摩会《ゆいまえ》、薬師寺の最勝会《さいしょうえ》、宮中で行われた御斎会《みさいえ》（「ごさいえ」とも）という三大法会をはじめ、数々の法会で講師《こうじ》を務めた。広隆寺の別当（最高責任者）も歴任して、広隆寺の再興に尽力。広隆寺講堂には、地蔵菩薩像と対で道昌が造立した虚空蔵菩薩像が伝わっている。道昌が法輪寺に安置した虚空蔵菩薩像の姿を想像するには、この像が最適と思われる。

道昌は、桂川（当時は大堰川《おおいがわ》と呼ばれていた）を改修し、寺への参道として橋も架けた。生前から菩薩と仰がれた行基の再来だと、民衆から慕われたという。

◉虚空藏菩薩と十三の関係

なぜ虚空藏菩薩と数の十三が結びついたのか、その根拠は不明だという。しかし、平安時代、有名な貴族の邸宅高陽院《かやいん》で行われた十斎日（月のうち十日、在家信者がそれぞれ異なる仏の講を行う日）に、十三日の「虚空藏講」が加わったことが知られているので、この頃に十三日と虚空藏菩薩が結びつき、やがて十三参りや十三仏信仰につながったと見られている。

ちなみに、十三仏信仰とは、初七日から七日ごとに七七日《しちしちにち》（四十九日）まで、それに一周忌から三十三回忌までの六回を足した計十三回の追善供養をそれぞれ異なる仏に対して行うもので、その最後の仏に虚空藏菩薩が選ばれた。この信仰は南北朝時代に始まったようで、十三仏を一図に描く十三仏図が残されている。今日よく見るような、十三仏を下から三尊ずつ四段に並べ、最上段に虚空藏菩薩一尊を描く形式は室町時代に完成したという。

◉十三参りとは

法輪寺の十三参りが始まったのは、近世の社寺案内などの記事から、安永二年（一七七三）と見られている。

十三歳は、生まれた干支が一巡する年齢であり、十三鉄漿《がね》（おはぐろ）、初褌《はつふんどし》などの成人儀礼をする年齢で、これと虚空藏菩薩の縁日が十三日であることが結び付いたようだ。十三参りの時に初めて、大人と同じ本裁ちで晴れ着を仕立ててもらうことになっており、それを肩上げ・裾上げしてもらった姿が愛らしい。

お参りには、半紙に思い思いの一字を書いて納め、御祈祷を受ける。十三参りの別称は、「智恵参り」「智恵詣《もうで》」「智恵もらい」など。帰りに渡月橋を渡る時、振り返ると、せっかく虚空藏菩薩様からいただいた智恵や福徳を返さなくてはいけないと固く信じられている。十三種類の菓子を持ち帰り、家族で食べる風習もあったようだ。

◉各地の十三参り

今では、子供の無病息災や成長を祈願して社寺に参詣

法輪寺十三参り（『都林泉名勝図会』より） 十三参りで法輪寺の虚空蔵菩薩へ参詣する人々が、嵐山山麓の大堰川を渡る様子が描かれている。渡月橋は、かつては「法輪寺橋」とも「御幸橋」とも呼ばれていた。

する行事として、七五三が一般的だが、七五三は江戸を中心に関東圏で始まった。全国に普及したのは近代になってからであり、かつては十三参りを行う地域の方が多かった。

「三大○○」には異説も多いが、三大虚空蔵菩薩に数えられるのは、福島県柳津《やないづ》町円蔵寺の「柳津虚空蔵」、茨城県東海村日光寺の「村松山《むらまつさん》虚空蔵」、三重県伊勢市の金剛証寺で、それぞれ現在も十三参りが行われている。

奈良では、矢田寺《やだてら》（金剛山寺《こんごうせんじ》）の北僧坊や弘仁寺が有名だ。北僧坊の虚空蔵菩薩像は平安時代も早い時期の秀作で、台座まで含めて桐材の一木で彫られている。弘仁寺は、空海が明星降臨の地に建てたと言われる寺で、虚空蔵寺とも呼ばれ、「高樋《たかひ》の虚空蔵さん」の名で親しまれている。

大阪では、四天王寺の北の太平寺《たいへいじ》に参る親子が多い。太平寺の十三参りは江戸時代から盛んで、『摂津名所図会』には、「虚空蔵堂　太平寺にあり　虚空蔵菩薩を安ず　参詣間断なし　別けて三月十三日は十三歳の童子群参して智福を祈る　これを十三参といふ」と書かれている。

知恵を授かる子供の行事

興福寺の文殊会

◉知恵の文殊に書を奉納

平安時代には福祉事業、鎌倉時代には慈善事業だった文殊会は、江戸時代に手習い上達を祈願する子供の文殊会に姿を変えた。

それは、三月（月遅れでは四月）二十五日の行事で、寺子屋の先生が子弟に「寄合書」させ、それを絵馬に仕立てて文殊菩薩像に奉納した様子が、風俗を記録した図絵などに見える。一年前の書と見比べて、努力の糧とさせたのだという。

その様子を、興福寺の文殊会で見てみよう。

四月二十五日の午後二時、僧侶と稚児の行列は、JR奈良駅から東に延びる三条通り（平城京の三条大路）の浄橋

興福寺東金堂　文殊会の行道で文殊菩薩像に奉納された扁額は、東金堂の正面に一年間掲げられる。文殊菩薩像の人気は高く、東金堂は「文殊堂」とも呼ばれた。

寺で隊列を整え、通りを興福寺東金堂《とうこんどう》へと向かう。運ぶのは、子供達が経文を一人一字ずつ半紙に分かち書きした書で、それが奉納額に仕立てられており、屋形の山車《だし》に乗せて運ばれる。屋形の軒先には藤の造化、宝冠をかぶり稚児に扮した子供たちが八重桜の花吹雪が舞う中を進む。その光景を猿沢池《さるさわのいけ》から眺めると、一幅の絵のようだ。

経文は『維摩経』の一部のようだが、一字ずつの脇に学年と氏名が添えられているので、紙面いっぱいに書か

文殊菩薩像（興福寺東金堂） 経を納めた梵筐を頭上に乗せ、甲の上に袈裟をまとう。蓮華座の下には獅子の姿。宋の仏画をもとに造像したと思われる。

れた画数の少ない字は小学一年生や二年生の力作とわかり、ほほえましい。額装されたこれらの書は文殊菩薩に奉納され、一年間、東金堂正面の壁に飾られる。近年は数十名分だが、子供の数が多かった頃には、大きな東金堂の側壁にまでいっぱいに飾られていた。

◉人気を集めた東金堂の文殊菩薩像

では、東金堂の文殊菩薩像はどのような姿だろうか。

興福寺の文殊信仰の舞台は、三棟あった金堂のうちの東金堂である。神亀《じんき》三年（七二六）創建の東金堂本尊は薬師三尊像だが、平安初期から、維摩居士《ゆいまこじ》と文殊菩薩の対《つい》像がその前に安置されて来た。これは、病身の維摩居士を釈迦の弟子の文殊菩薩が見舞いに訪ね法論を交わすという、『維摩経』にもとづく造像である。

東金堂は、五重塔の隣に位置したことから、何度も焼失と再建を繰り返しており、現在の維摩像・文殊像は鎌倉初期の作である。維摩像の像内に、建久《けんきゅう》七年（一一九六）に仏師定慶《じょうけい》が五十三日で彫り、幸円《こうえん》が五十日で彩色《さいしき》したと記されていることから、文殊像も定慶か定慶に近い仏師の作と見られている。

定慶は、名前からわかる通り、運慶・快慶と同じ工房で仕事をした慶派の仏師で、中国から伝わった新しい流行（宋風《そうふう》）をうまく取り入れたことで知られている。

この文殊菩薩像は、凛々《りり》しい面立ちが余りに魅力的だったからであろうか、本尊の薬師三尊像や、法論の主役の維摩居士像を差し置いて、人気を独り占めし、東金堂は「文殊堂」と呼ばれることさえあった。

この対像造立から十年ほどたったころに、薬師像の眷《けん》属《ぞく》（従者）である十二神将像が造られたのだが、その彩色を担当した工人は、十二神将像の足枘《あしほぞ》（立てるための出っ張り）に、あろうことか、文殊菩薩への信仰と自分の名前を書き付けている。

また、東金堂の天井裏からは、文殊菩薩に知恵を授かるよう祈願して奉納された多数の絵馬が、近年、発見された。

◉海を渡る文殊・獅子に乗る文殊

文殊会は、興福寺の塔頭勧学院《かんがくいん》（中院屋《ちゅういんのや》）でも行われていた。勧学院は、現在の奈良県庁の場所にあったが、明治の廃仏毀釈で姿を消したので、その本尊像も寺外に出て、現在は、東京国立博物館に収まっている。

それは、獅子に乗った文殊菩薩が四人の従者を従える五台山《ごだいさん》文殊像である。五台山文殊は、文殊が住む仙境として信仰されていた中国五台山にちなむことは先に述べたが、日本では、五台山から海を渡って日本へ来たということで、台座などに海波を表現した像も造られ、それらは特別に「渡海《とかい》文殊」と呼ばれた。この勧学院の像も、獅子の下の框座上面に波が描かれた渡海文殊である。

銘文により、運慶の孫の康円《こうえん》が文永《ぶんえい》十年（一二七三）に造ったことがわかる。年に一度、三月二十五日の文殊会にのみ参拝が許されていたとのことで、きわめて保存状態が良く、光背も台座も当初のものが揃っている。

叡尊と忍性が貧民救済の文殊会の本尊としていたのも、五台山文殊、あるいは渡海文殊だったと考えられる。二人が般若寺で開催した文殊会の本尊像は失われたが、現在、般若寺には、元弘《げんこう》四年（一三三四）造立の獅子に乗る独尊の文殊菩薩像が伝わっている。その像は、髪を八つの小さな髻《もとどり》に結い上げた「八髻文殊《はっけいもんじゅ》」と呼ばれる特殊な像だが、この像の前でも、文殊会が行われている。

◉三月二十五日に行われる理由

文殊会が三月二十五日に行われる理由について民俗学者の和歌森太郎は、「文殊菩薩は神さまでいえば菅原道真の天神さまに類する」、「二十五日といえば、天神さんのお祭り日だ」、と述べている。

しかし、三月二十五日が恒例となったのは、尽力して開眼供養した般若寺文殊菩薩像の前で叡尊・忍性が大法会を開催したのが、文永六年（一二六九）三月二十五日だったことに由来するのではないだろうか。文殊菩薩の摺仏《しゅうぶつ》（版画の仏像）を刷り込んだ大般若経を平岡社に施入したのも、ちょうど十年後の同日だった。

ちなみに、叡尊は自伝『感身学正記《かんじんがくしょうき》』に、「毎月二十五日、一昼一夜不断ニ文殊ノ宝号ヲ唱ゼシム」と書いており、同書からわかる文殊供養九回のうち五回は、月は不定だが二十五日に行われている。『関東往還記』でわかる弘長《こうちょう》二年（一二六二）の「文殊講」の日取りも四月二十五日である。

彼岸会

◇「彼岸」とは

「暑さ寒さも彼岸まで」とはよく耳にする諺だが、さて「彼岸」とは何だろう。春分・秋分を中心とする七日間を「お彼岸」と呼び、この時期に墓参して先祖を供養する理由を見てみよう。

「彼岸」は「到《とう》彼岸」の略で、煩悩に満ちたこの世（此岸《しがん》）から悟りの世界であるあの世（彼岸）へ到達すること．およびそのための修行を意味する。「波羅蜜《はらみつ》」「波羅蜜多《はらみった》」と漢訳された梵語のパーラミターに当たり、浄土思想では、阿弥陀仏のおられる西方極楽浄土へ到ることを言う。

ではなぜ、春分・秋分の時期が「お彼岸」なのだろう。それは、先祖の霊が彼岸（向こう岸）の阿弥陀浄土に住むと考え、その方角である真西に太陽が沈む日に祖先を偲ぼうと考えたからである。

◇彼岸会の歴史

『日本後記』延暦《えんりゃく》二十五年（八〇六）の記事に、「春秋二仲月」の七日間、国分寺の僧に金剛般若経を読ませたとあるのが、日本で最初の彼岸会法要と理解されている。平安時代前期の法令集『延喜式』や『類従三代格』には、彼岸の法会で僧に与える布施が定められている。

源信が『往生要集』を編んだ翌年の寛和《かんな》二年（九八六）に組織された念仏結社「二十五三昧会」では、春秋二季に墓所で念仏を修することを取り決めていた。

『蜻蛉《かげろう》日記』には「彼岸に入りぬれば、なほ、あるよりは精進せんとて」、『源氏物語』には「ひがむのはじめにていとよき日なりけり」や「ひがんのおわり」という表現が見られることから、この頃には貴族の間でも、彼岸が格別な期間として意識されていたことが読み取れる。

院政期の公卿の日記『兵範記《へいはんき》』によると、彼岸には、著名な邸宅高陽院《かやいん》の寝殿に仏壇を設けて釈迦三尊像を安置し、僧を招いて懺法《せんぼう》（経を音読して罪を懺悔《さんげ》する儀式）を行うことが恒例だった。彼岸に不動明王の前で修法を行った例もあるので、彼岸に読み上げる特定の経典、拝む特定の尊像が決まっていたわけではないようだ。藤原頼長の日記『台記』には、彼岸に仏に祈願したことはすべて成就する、とも書かれている。

鎌倉時代の歴史書『吾妻鏡』には、彼岸に懺法を行った記事が多い。

室町時代になると、彼岸に追善の意識が加わったことが、彼岸に板碑《いたび》を建てたことから読み取れる。板碑は、主に関東で死者供養のために建てた石造の卒塔婆だが、彼岸を指す「時正《じしょう》」に建てたと銘文に書いた例が多いのである。

江戸時代には、念仏講や各種の巡礼などが行われ、彼岸期間の寺院は庶民でにぎわった。江戸では、彼岸に阿弥陀如来像を本尊とする六カ寺を巡拝することが流行した。今日まで見られる墓参、ぼたもち・おはぎのような特別の菓子を作って先祖に供える、などの風習も生まれた。

極楽往生の第一歩

日想観

◉「日想観」とは

浄土三部経のひとつ『観無量寿経』は、阿弥陀仏と阿弥陀浄土を心に思い描く十六段階の方法（十六観）について述べた経典だが、そこで説く第一段階が「日想観」である。西に向かい沈み行く太陽に心を集中することが、極楽往生の第一歩だと説明している。

中国の浄土教を大成した初唐の僧善導《ぜんどう》は、それをさらに発展させ、太陽が真東から昇り真西に沈む春分・秋分に、「十万億刹《さつ》（無数の仏の国）」のはるか西にある阿弥陀浄土に想いを馳せることの意義を強調した。

日本の浄土信仰は善導の著述から多くを学んで発展し、法然や親鸞も善導の思想と生き方から影響を受けたので、日本でも春分・秋分の夕日は格別なものと理解され、日想観は定着して行った。

山越阿弥陀像（仲源寺） 山越阿弥陀図をそのまま彫像にした珍しい作例。

◉夕日を礼拝

日本で日想観が広まった背景には、古来、太陽を「おひさま（御日様）」「おてんとうさま（御天道様）」と呼んで崇拝していた伝統も強く影響したに違いない。

日本人の感性に合った日想観は、各地で行われ、春分・

秋分の夕日を阿弥陀仏として礼拝するのにふさわしい場所が次第に定着して行った。その最たるものが、次に取り上げる四天王寺の西門である。

　京都の東山山麓には、永観堂《えいかんどう》（禅林寺《ぜんりんじ》）や真如堂《しんにょどう》（真《しん》正極楽寺《しょうごくらくじ》）をはじめ阿弥陀信仰の寺が多いが、金戒光明《こんかいこうみょう》寺《じ》の塔頭西雲院《さいうんいん》には、法然上人が入り日を拝むために西に向かって坐ったと伝える「紫雲石」がある。また、清水寺の西門には、行者が日想観の行《ぎょう》を行う板敷の場があり、参詣曼荼羅には修行の様子が描かれている。

　これらの場所からは、高層ビルが増えた現在でも、向かいの西山に沈む夕日がよく見え、思わず手を合わせたくなる美しさだ。浄土信仰が盛んだった頃の彼岸には、落日を礼拝する多くの姿が様々な場所で見られたことであろう。

◉山越阿弥陀図

　日想観と密接な仏画に「山越《やまごえ》阿弥陀図」がある。それは、画面の下方に二つの山の峰、その上に山より大きな阿弥陀仏の上半身を描いたもので、阿弥陀の丸い頭光《ずこう》が山の端《は》にかかる太陽か月のように見える。

　鎌倉時代以降の作例が知られており、屏風仕立てで、臨終者に持たせた糸の端が阿弥陀の両手に残る例、何か光を発する工夫の跡と見られる穴が阿弥陀の白毫部分に開いている例もある。往生を願った人々が夕日に見たのは、このような阿弥陀仏の姿だったに違いない。

◉山越阿弥陀像

「山越阿弥陀図」をそのまま彫像にした珍しい仏像も、京都の仲源寺にある。

　四条通りを八坂神社に向かって進み、四条大橋を渡った右手、商店街のど真ん中の寺院で、本尊は、眼病平癒に霊験あらたかという丈六の地蔵菩薩坐像（通称「目病《めやみ》地蔵」）なのだが、その脇壇に、山越阿弥陀像が安置されている。

　阿弥陀の胸像と山形がそれぞれ木彫で彫られている。内《うち》刳《ぐ》りなどは無く、ずっしりと重い。ほかに例を知らないので、具体的な礼拝法は不明だが、臨終者の枕元に置くなどして、阿弥陀来迎を実感させたのではないだろうか。

山越阿弥陀図（禅林寺）
西方極楽浄土の教主である阿弥陀仏が山の端に姿を見せ、雲に乗った観音菩薩と勢至菩薩はもう山を越えている。臨終を迎えた人は、阿弥陀の手から伸びた糸や幡を握って往生を確信したに違いない。

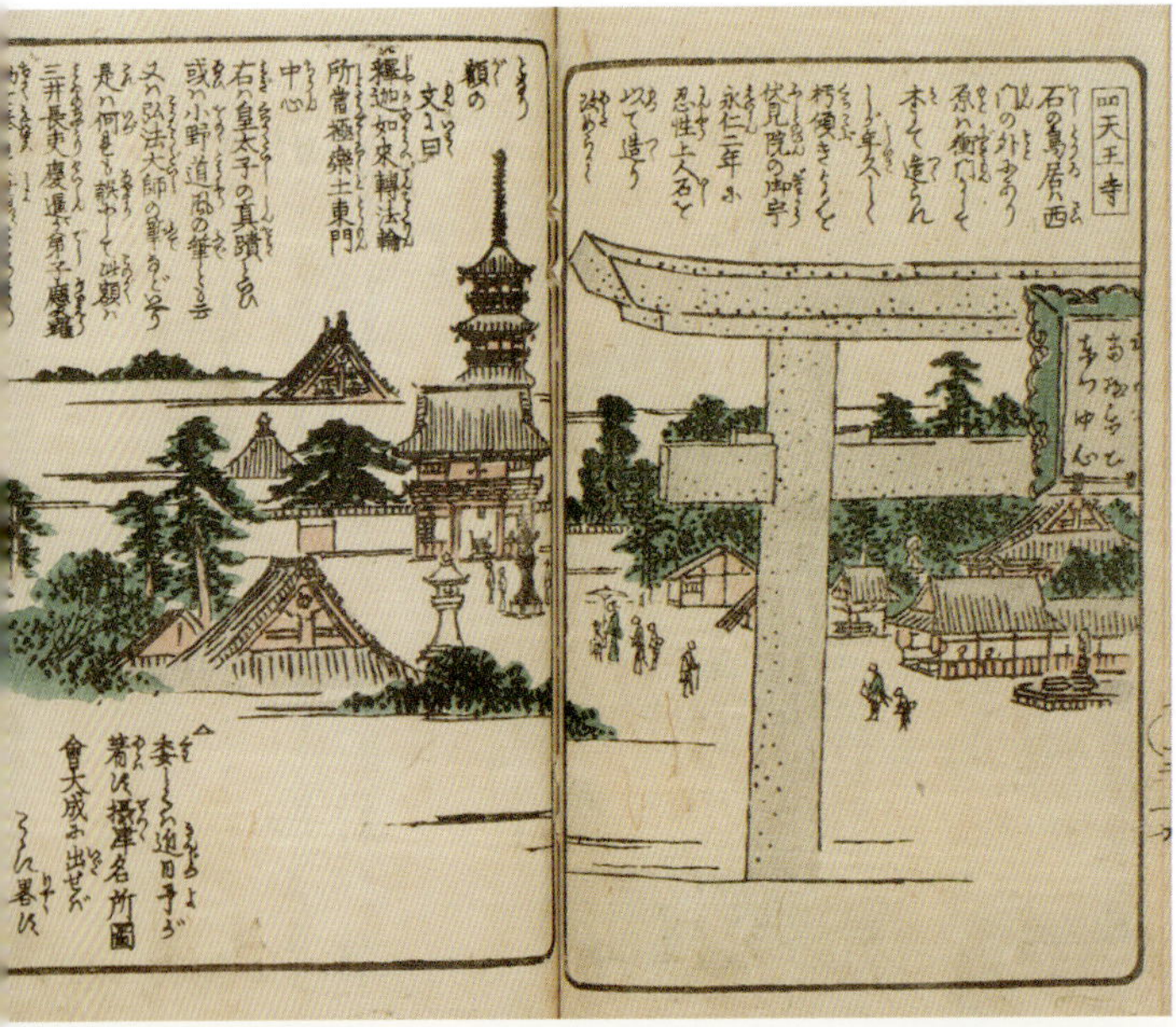

四天王寺（『浪華の賑ひ』より） 浜側、つまり西から四天王寺を見た図。鳥居に掲げられた扁額には、「釈迦如来が法を説いた所で、極楽浄土の東門に当る」と書かれている。埋め立て前、この鳥居の前には海が広がっていた。

夕日に合掌

四天王寺の彼岸会

◉お彼岸の四天王寺

四天王寺は、お彼岸の七日間、境内に所狭しと露店が並び、格別にぎわう。参詣人は、経木《きょうぎ》書きのテントで経木に戒名を書いてもらい、金堂の地下からの水が湧き出ているという亀井堂へ行って経木を亀井の水に浸し、故人を供養する。水を吸った経木の香、昼夜六回の法要が営まれる六時堂からの焼香の煙、彼岸の四天王寺は独特の雰囲気に包まれる。

その高揚感が最高潮に達するのがお中日《ちゅうにち》の夕刻である。伽藍の西側の西門《さいもん》の先には、あとでふれる有名な鳥居があるのだが、誰もがその鳥居に向かい、落日に手を合わせ、「日想観」の法要が営まれる。

これが現代の姿だが、平安・鎌倉時代にも、貴族や皇族は、彼岸に合わせて四天王寺を訪れた。それは、海に沈み行く太陽を拝むためであった。

◉「日想観」の聖地

埋め立てが進んだ今では想像しがたいが、四天王寺が建つ上町《うえまち》台地の西には大阪湾が迫っていた。寺の西側は海岸で、明石海峡を隔てて遠くに武庫川《むこがわ》の山々が見え、水平線に沈む夕日が礼拝できたのである。

四天王寺の西に波打ち際が広がる様子は、『一遍上人絵伝』などに描かれ、能『弱法師《よろぼうし》』で歌われている。「淡路、絵島、須磨、明石。紀の海までも見えたり見えたり」。盲目の俊徳丸と父は、春の彼岸の中日、入り日の時刻にこの場所で再会を果たす。

ちなみに、同じ上町台地でも、北の大坂城、南の住吉《すみよし》大社《たいしゃ》あたりから見る夕日は山に入るので、海に夕日が入る四天王寺こそが、あの世をイメージする「日想観」に最適な場所と認識されていたのである。

最近確認された平等院鳳凰堂内の扉絵の日想観図でも、一女性が手を合わせる日輪は、海に沈む様子で描かれている。

『新古今和歌集』の選者の一人だった歌人藤原家隆が出家し、四天王寺のそばに庵を結んだ理由も、この特別な地で「日想観」を修めたいと願ったからだった。時に家隆は八十歳、住居は夕陽庵《せきようあん》と名付けられた。移住したのは嘉禎《かてい》二年（一二三六）で、その翌年、正座合掌しながら往生を遂げたという。四天王寺の北の地名「夕陽《ゆうひが》丘《おか》」は、この庵名に由来している。

◉四天王寺の西隣りは極楽浄土

先にふれた西門の先の鳥居は、平安時代から建てられていた。

現在の石造の鳥居は、永仁《えいにん》二年（一二九四）に僧忍性《にんしょう》が建立したものだが、その扁額には、「釈迦如来転法輪《てんぽうりん》所《しょ》　当極楽土東門中心」と書かれている。「釈迦如来転法輪所」とは釈迦如来が仏法を説いた場所、「極楽土」とは阿弥陀仏がおられる西方極楽浄土のこと。つまり、ここ四天王寺は、釈迦如来が法を説いた場所であると同時に、極楽浄土の東門に当たる、と書かれている。

この内容は、平安末期に後白河上皇が集めた歌謡集『梁塵秘抄《りょうじんひしょう》』の中の一首「極楽浄土の東門は　難波の海にぞ対《むか》へたる　転法輪所の西門に　念仏する人参れとて」にも歌われている。「極楽浄土の東門」は「難波の海」に面しているのだから、阿弥陀仏を念ずる人は四天王寺の西門に参りなさい。これを信じ、この浜で、袂に石を入れて入水《じゅすい》する人々さえいた。

現在の彼岸会でもこの鳥居に向かって合掌する理由は、まさにここにある。四天王寺の西隣りは極楽浄土、四天王寺の西門は極楽浄土の東門、なのである。

◉四天王寺詣

長元四年（一〇三一）、藤原道長の女《むすめ》上東門院彰子《しょうし》一行が、四天王寺に参詣した。紫式部ら才媛を従え藤原文化の中心にいた彰子は、夫の一条天皇亡き後に出家、この時の推定年齢は四十四歳だった。「酉の時」すなわち夕方六時頃に、「天王寺の西の大門に御車とゞめて、波の際《きわ》なきに西陽《にしび》の入りゆく折しも」礼拝なさった、と『栄花物語』は伝えている。

鳥羽上皇は、久安《きゅうあん》元年（一一四五）から晩年までの十余年間、ほぼ毎年、時には年に二度、四天王寺を参拝し、その回数は計十数回におよんだ。

後白河上皇も、父鳥羽上皇と同じように、安元《あんげん》二年（一一七六）以降の十六年間に都合十一回、四天王寺に参詣した。西門の外で法然とともに日想観を行ったこともあり、特に晩年は、毎年訪れた。

◉日想観に合わせて迎講

鳥羽上皇や後白河上皇は、なぜこのように頻繁に四天王寺を訪れたのだろうか。熊野参詣の往復に立ち寄ることもあったが、貴顕の四天王寺参詣は秋の彼岸に集中しており、秋分に日想観を行ったに違いないのだが、それと同時に「迎講《むかえこう》」（迎講については、90頁参照）を楽しんだ可能性が高いのである。

確実なところでは、久安三年（一一四七）の鳥羽上皇参詣の時に迎講が修されたことが、同行した藤原頼長の日記『台記』に書かれている。上皇は、西門に出て、目に涙を浮かべながら迎講を御覧になったという。

この時のことは、四天王寺の記録にも残っており、鳥羽上皇は、永暹《えいせん》上人が「西門桟敷」で行った「迎摂会《ごうしょうえ》」を御覧になり、その後、永暹上人の極楽堂にいらっしゃった、と書かれている。永暹は出雲出身の天台僧である。迎摂会の「迎摂（迎接と同じ）」は「来迎引接《らいごういんじょう》」の略で、阿弥陀仏が衆生《しゅじょう》を極楽へ迎える意味。迎講は、迎摂会とも呼ばれた。

◉後白河上皇が御覧になった迎講

後白河上皇も、四天王寺で迎講（迎摂会）を御覧になっていたことが、円成寺《えんじょうじ》（奈良）の縁起からわかる。

　ある円成寺の僧が、後白河上皇に、「今、天王寺にある所の仏・菩薩の法衣《ほうえ》」「宝冠《ほうかん》・瓔珞《ようらく》等、新に作りかへて、旧きをもて当山に寄附し給へ」と所望《しょもう》。注に、「八尺金色の弥陀の立像一躯《く》。菩薩の面二十五。並《ならびに》、天衣《てんね》・持物《じもつ》」と書かれていることから、四天王寺で行われていた行事には、布の法衣を着せた像高二メートルほどの阿弥陀の彫像が主役として登場していたこと、菩薩は面を着けた人間が演じ、その数は二十五人だったことなどがわかる。

　この僧の希望通り、四天王寺の迎講道具一式は円成寺に寄付されたのだが、事の成り行きから考えて、そもそもこの道具一式は、上皇が四天王寺に寄進したものだったに違いない。また、「新に作りかへて」とあるので、ふたたび新たな一式が四天王寺には寄進されたことであろう。

「お古」を譲り受けた円成寺でも、迎講が始められた。寺の池に東西に橋を架け、橋の東に娑婆屋《しゃばや》（この世）を構え、管弦の音が響く中、橋の西（あの世）から阿弥陀如来・観音菩薩・勢至菩薩・諸々の聖衆《しょうじゅ》が列をなして登場。来迎図さながらの行道が行われた。往生しなくとも目前に阿弥陀浄土が現れたようだ、とその様子が描写されている。

　四天王寺の迎講も、そのような華やかなものだっただろう。四天王寺の雅楽は古来有名だが、野外仮面劇とも呼べる迎講でも雅楽が演奏され、迎講の鑑賞は、参詣の楽しみだったに違いない。日想観を修して末期に備えようとの動機で集まった人々は、そこで演じられる阿弥陀来迎劇を見て、法悦に浸ったことであろう。

天王寺ひがん会（『花暦浪花自慢』より） 金堂の周囲は人の波。その手前の小屋では、鉦講であろうか、裃姿の男性が鉦を叩いている。

円成寺には、菩薩面の断片が伝わっており、それは、作風から、定朝《じょうちょう》様式が一世を風靡していた十二世紀に都の一流仏師が彫ったものと思われる。つまりこの断片は、後白河上皇が四天王寺に寄進した菩薩面の一部で、この菩薩面を着けた菩薩が登場する迎講を上皇は御覧になっていたことになる。この断片から類推すると、迎講の主役の大きな阿弥陀像も、洗練された美意識の優美な像だったに違いない。

兵庫県の浄土寺には、四天王寺や円成寺で行われた迎講に登場していた阿弥陀像を想像する縁となる像が伝わっている。浄土寺は、鎌倉時代に僧重源が東大寺復興の拠点とした寺で、重源はそのようないくつかの場所で迎講を開催した。浄土寺には、この像と一緒に使用された菩薩面や地蔵面も伝わっている。

阿弥陀如来像（浄土寺）　像高266.5㌢。重源が行った迎講の阿弥陀像のうち今に伝わる唯一の像で、仏師快慶の作である。四天王寺の浜辺の迎講でも、このような上半身裸形の像に布の袈裟を着せた阿弥陀像が、菩薩面を着けて菩薩に扮装した人々とともに、観衆の前に姿を現したと想像される。

熊野詣と同じ御利益

江戸の六阿弥陀詣

◉武州六阿弥陀

江戸時代、江戸近郊では、春秋二季の彼岸に、六カ寺の阿弥陀如来像を巡礼することが盛んだった。

その嚆矢といわれるのが荒川（現隅田川）流域の六阿弥陀詣で、『江戸名所図会』には、一番の西福寺（北区）から六番常光寺（江東区）までを俯瞰する絵図と、六カ寺それぞれの絵図、計七図が納められている。各寺院の絵図は、寺域の遠望図のほか、郊外の巡礼道に建つ茶店の図、参詣人が行き交い物売りや物乞いがいる境内の図などで、六阿弥陀詣のにぎやかな様子を生き生きと伝えている。

正岡子規が、「野の道や　梅から梅へ　六阿弥陀」と、春の彼岸の六阿弥陀詣を詠んでいるので、荒川放水路

六阿弥陀詣（『江戸名所図会』より）　六阿弥陀詣の六番、今も江東区亀戸にある常光寺の境内が描かれ、「春秋二度の彼岸中　都鄙の老若参詣群集せり」と書かれている。

が建設されてこの地域の景観が大きく変わる明治末頃まで、この行事が続いていたことが確認できる。

戦後は廃れていたが、近年はまた復活していると聞く。

◉六阿弥陀の由緒

武州六阿弥陀のいわれは、文献上の初見とされる明暦《めいれき》年間(一六五五~五八)版行の『六阿弥陀伝記』のほか、各寺院の縁起、幕府が編纂した地誌『新編武蔵国風土記稿』などに詳しく載っている。

それぞれ細部に異同はあるが、荒川をはさんで対岸の豪族に嫁いだ女性が、婚家と不仲になって川に身を投げ、それを悲しんだ女性の父親が一本の霊木で六体の阿弥陀像を彫ってもらい、六カ寺に安置して娘の冥福を祈ったのが、六阿弥陀詣の始まりという。

父親は熊野詣で霊木に出合ったことになっているが、この物語に登場する豪族豊島氏は紀伊国の守護に任じられており、熊野と関係が深い。熊野権現を勧請し、郡内に多くの熊野神社を設けたことが知られている。

熊野三山の本地《ほんじ》(本来の姿)は阿弥陀仏と信じられていたので、『六阿弥陀伝記』には、「六阿弥陀　参り給へば熊野権現に参詣と同じ功徳成《な》り」と書かれている。六阿弥陀詣が流行した背景には、熊野信仰があったのである。

◉行楽も兼ねて

北区の西福寺から江東区の常光寺までは、五里半(約二〇キロ)とも六里ともいうから、かなり強行軍だったに違いない。「四五番で腰のふらつく六阿弥陀」「六阿弥陀　みんな廻るは鬼婆ァ」などの川柳が残っている。しかし、浅草寺や亀戸天神、郊外の風光を楽しみながらの行程で、道案内が売り出されるほどの人気だった。常光寺には、正面に「南無阿弥陀仏」と彫った延宝《えんぽう》七年(一六七九)造立の石碑がある。側面には「自是《これより》六阿弥陀道」と書かれており、「江戸新材木町」(今の日本橋)の「同行六十人」が建てたものである。近所同士誘い合わせての日帰り旅行だったのであろう。

「六阿弥陀　嫁の噂の捨て所」という川柳からは、女同士連れだっての気楽なグループ旅行の風情が偲ばれる。彼岸は春も秋も季候が良いので、行楽を兼ねて出かけたのであろう。

武州六阿弥陀の名声をうけて、「山の手六阿弥陀詣」（今の新宿区〜港区）や「西方六阿弥陀詣」（今の港区〜目黒区）なども行われた。

さらに、病気平癒を阿弥陀仏に祈願して無事快癒したある男性が、武州六阿弥陀に詣でたのち、自らの在所の寺を含む総州（茨城県南部から千葉県北部）の十一カ寺を六阿弥陀詣とその関連寺院として整備し、各寺院に「六阿弥陀□番」と書いた立派な石柱を立てた。これは文《ぶん》政《せい》十年（一八二七）のことだが、翌年には、江戸馬喰町の東都書林から「総州六阿弥陀詣」と題するガイドブックが出版されている。その行程を見ると、出発は日本橋となっているので、これも江戸市中の人々が多く参詣したと思われる。

この十一カ寺には、大正末年に浅草の講中が大勢で出かけて納めた扁額や記念写真も残っている。

◉「六」である理由

六阿弥陀詣は江戸時代に考案された巡礼だが、なぜ五や七ではなく六カ寺を巡ることになったのか。それは「南無阿弥陀仏」の字の数が六字だからである。

「南無」とは心からの帰依を表す言葉なので、「南無阿弥陀仏」で、阿弥陀仏に敬礼します、という意味になる。「南無阿弥陀仏」の六文字は「六字の名号《みょうごう》」と呼ばれ、浄土宗では阿弥陀浄土に救済されることを願って誦《とな》え、浄土真宗では本尊として礼拝する。

平安中期に念仏を唱えながら諸国を巡歴した空也上人の肖像を御存じだろうか。もっとも有名なのは空也が開いた六波羅蜜寺（京都）の彫像だが、口から出る形で小さな六体の阿弥陀像が表現されている。あれは、空也が「南無阿弥陀仏」と常に誦えていたことを六体の阿弥陀像で表したものである。

この発想から、六体の阿弥陀像が彫られ、六阿弥陀を巡礼するようになったと考えられる。したがって、同じ「六」でも、六道に堕ちた衆生を救うとして地蔵菩薩像を六体並べたり、六カ所の地蔵菩薩像を巡る「六地蔵」とは、「六」の意味が異なるのである。

なつ

夏

灌仏会（花祭り）

◇釈迦誕生の説話

古代のインドでは、ある一生の結果に応じて次の一生が始まり、永遠に輪廻転生《りんねてんしょう》を繰り返すと信じていた。従って、釈迦（釈尊）の場合も、仙人・鹿・象・バラモン（司祭階級）など数々の前世を経て、そこで善行を積んだ結果、人間界の上にある天上界の兜率天《とそつてん》で菩薩となり、最後に人間界に下生《げしょう》（出現）したと考えられた。

経典には、釈迦の下生について、カピラ城の浄飯王《じょうぼんおう》の后である摩耶夫人《まやぶにん》を選び、白象に乗って（白象の姿になって）その胎内に宿った、と書かれている。

摩耶夫人はこれを夢で知るのだが、聖母マリアも、イエス・キリストをみごもったことを大天使ガブリエルのお告げで知る（『新約聖書』）。宗祖懐妊の話に共通性が見られ面白いが、釈迦の誕生はイエス・キリストに先立つこと数百年、紀元前四六三年（別の説ではその百年前）のことと見られている。

夢から十カ月を経て、摩耶夫人は、ヒマラヤ南麓のルンビニ園（現在のネパール南部）で花樹の枝を手折《たお》ろうとした時に産気付き、立ったままで右脇下から釈迦を出産した。釈迦は、生まれ落ちると直ちに七歩あゆみ、「自分はこの世で最も尊い」と宣言された。この宣言は獅子《しし》（ライオン）が吼《ほ》えるように堂々としていたことから「誕生獅子吼《ししく》」と呼ばれ、その宣言の文言《もんごん》は、漢訳経典では「天上天下《てんじょうてんげ》　唯我独尊《ゆいがどくそん》」と語り継がれている。この後、誕生した釈迦のもとへ二匹の竜（経典によっては九匹）が祝福に現れ、釈迦に水を掛けたという。

◇仏伝美術の誕生場面

インド、特に北方のガンダーラでは、釈迦の前世の物語やこの世での出来事に関心が高く、舎利（釈迦の遺骨）を納めたストゥーパの周辺などに、これらの物語の様々な場面を浮彫で表現した。そのような仏伝美術の中でも、釈迦の誕生にまつわるエピソードは重要なテーマだったので、一連の出来事を詳細に表現した魅力的な浮彫が、各地に数多く残っている。

その主要なものは、白象に乗って摩耶夫人の胎内に宿る場面、摩耶夫人の右脇から上半身を現す場面、生まれ落ちて七歩あゆむ場面、降誕を宣言する場面、竜から灌水《かんすい》を受ける場面などである。

中国でも、石窟の壁に描いた例や、石彫像の光背裏面に浮彫で表現した例などが知られている。

◇日本の灌仏会

一方、日本では、釈迦の前世やこの世での出来事に関心が薄く、それらを造形化することが少なかった。有名なものでは、わずかに「絵因果経」（『過去現在因果経』に絵を添えた絵巻、奈良時代のものが有名）や「釈迦八相図」などの絵画が知られているに過ぎない。

摩耶夫人および侍者像（東京国立博物館） 右手を上げた摩耶夫人の右脇から釈迦が生まれる場面。釈迦は合掌している。付き従う侍者が手にしているのは水瓶。

しかし、誕生と入滅《にゅうめつ》（他界）は特別で、誕生日には誕生を祝う灌仏会《かんぶつえ》、命日には入滅を悼む涅槃会を行った。その灌仏会には、生まれてすぐに降誕宣言をした釈迦を表現した誕生仏《ぶつ》（誕生釈迦像）と、盥《たらい》のような灌仏盤が用いられた。誕生仏を灌仏盤の中央に置き、灌仏盤に満たした水（後世は甘茶《あまちゃ》）を像の頭から掛けることで、誕生にまつわるエピソードのうち、釈迦の降誕宣言と竜による灌水の二つを合わせて再現したのである。

◇釈迦とイエス・キリスト

欧州の教会で経験したクリスマス（降誕祭）では、十二月二十四日の深夜、祭壇脇に作られた厩の飼葉桶に、嬰児キリストの人形が恭しく運び込まれ、それからミサが始められた。誕生直後の赤ん坊が直立して宣言をすることなどあり得ないのだから、布にくるまれて安らかに眠る姿の方が本当なのだろうが、宗祖としては、立って祝福を受ける釈迦の方が、何だか頼もしく思えてしまう。

キリスト教のクリスマスと仏教の灌仏会、宗祖の誕生を祝う二つの祭典を経験して、その違いを考えてみるのも一興である。

灌仏盤と誕生仏

歴史上の灌仏会

誕生釈迦像（正眼寺） 灌仏会は推古天皇の時代から行われ、このようなかわいい像に香水が掛けられた。

◉飛鳥・白鳳時代の灌仏会

時代や地域により仏生日《ぶっしょうび》（釈迦の誕生日）の祝賀の仕方は様々だ。インドや中央アジア・中国では、仏像を山車に乗せて市街地を練り歩く「行像」が盛んだった。その際、仏像に香水《こうずい》を灌《そそ》ぐ灌仏も行われた。

韓国や日本には、右手を上げ左手を下げ（まれに逆）「天上天下《てんじょうてんげ》　唯我独尊《ゆいがどくそん》」と降誕宣言する童子形の釈迦像（誕生仏）が数多く伝わっている。それらは金銅仏（鍍金した青銅の仏像）で、灌仏会の本尊だった像である。

『日本書記』によると、推古天皇十四年（六〇六）から四月八日と七月十五日に斎会《さいえ》（僧侶に正式な食事を出す法会）を行うことが諸寺に命じられている。この記事によって、仏生日の法会は盂蘭盆会《うらぼんえ》と並ぶ古い行事だったことがわかり、各地の寺院址から飛鳥・白鳳時代の誕生仏が多数出土していることから、この法会が盛んだったことがわかる。

◉その後の灌仏会

奈良時代のことは、大安寺・法隆寺・西大寺などの寺の『資財帳』（財産目録）に灌仏関係の道具が記載されていることから、正式に行われていたことがわかる。

奈良時代で特記すべきは、東大寺の大仏開眼に合わせて行われた灌仏の行事だが、それは次項で見ることにしよう。

平安時代の灌仏会は、宮中や貴族の邸宅が舞台だった。光源氏の六条邸でも僧侶を招いて灌仏会が行われた（『源氏物語』）。僧の到着が遅れたので、法会が夕刻になったと式部は書いている。実際に五色の香水や様々な布施を整えて待っていても僧侶の到着が遅れてやきもきしたことがあったのであろう。この日は、貴顕の家々ばかりか神社でも灌仏会が行われた。

式次第は有職故実書『江家次第』や当時の日記に詳しく、五色の水で灌仏したことなどがわかる。しかし、参列者の関心は、誕生仏ではなく、紙や色紙、扇や筆など僧侶への布施に向けられていた。

鎌倉時代になると、灌仏会は再び寺院で行われるようになった。東大寺・薬師寺・東寺などでは恒例行事となり、各地へ広まった。

江戸時代に黄檗宗が伝来すると、甘茶《あまちゃ》で灌水するようになり、庶民が参加する現在の形になったようだ。

灌仏会は仏生会《ぶっしょうえ》・浴仏会《よくぶつえ》・竜華会《りゅうげえ》などとも呼ばれるが、近年は「花祭り」の名で親しまれている。灌仏会を「花祭り」と呼んだのは浄土宗で、明治時代のことだそうだが、わかりやすいこの名称が宗派を問わず広まったようだ。

◉誕生仏

飛鳥時代・白鳳時代の作例は下半身にまとう裙《くん》（裳）の丈が短くて脛《すね》が見え、いかにも愛らしい姿なのだが、時代が下がると裳裾が長くなっていく。

平安時代の作例は一〇センチに満たない小さな像が多く、中には五センチ足らずの像もある。貴族の邸宅で行われた灌仏会の本尊は、このような小振りな像だったのであろう。
鎌倉時代を代表する誕生仏は、京都の大報恩寺に伝わる像高五三センチの大きな像である。大報恩寺は通称の千本釈迦堂からわかるように釈迦念仏の一大拠点だったので、この大きな像を用いて大規模な灌仏会が挙行されたと想像できる。

誕生釈迦像（大報恩寺） 東大寺の誕生釈迦像をしのぐ大きな像なので、大報恩寺の灌仏会は大規模だったと想像される。

大報恩寺の誕生仏は、右手の人差指で天、左手の人指し指で地を明確に指さしている。このような説明的な表現は説得力があったようで、鎌倉時代以降の作例にはこの形式が多い。

室町時代以降も灌仏会は盛んだったので、多くの誕生仏が残っており、江戸時代の作例では、同じ型から量産された作例も知られている。肥満体の像が多く、清凉寺式釈迦如来像のように頭髪を渦巻きで表現した例や、肉髻を表現せず普通の子供の像のように見える誕生仏も造られた。

最後に、まさに釈迦が生まれ出る瞬間を表した、摩耶夫人《まやぶにん》と夫人を見守る采女《うねめ》（女官）の群像を紹介しよう。表現の特徴から、飛鳥時代、止利仏師の工房の作と見られる像である。

もとは樹木も付属していたことが法隆寺の記録によって知られており、枝を手折ろうと右腕を上げた摩耶夫人の脇の下には、釈迦の上半身が見えている。飛鳥時代の灌仏会では、このような説明的な群像も並べられたのであろう。

桜吹雪も誕生仏を祝福

東大寺の仏生会

◉花御堂

四月八日のお釈迦さま（釈尊）の誕生日には、多くの寺院で「花《はな》御《み》堂《どう》」というゆかしい名前の小さな東屋を用意し、灌仏会（花祭り）が行われる。

花御堂は、四本の柱で宝形造り（ピラミッド形）の屋根を支える構造で、柱も屋根も、椿や水仙、雪柳や馬酔木など季節の花で埋め尽くされる。境内から摘んだ花で飾る場合が多いが、都会などでは、フリージアやカーネーション、パンジーなど洋花ばかりの花御堂もあり、寺ごとに趣向が異なるので、この日は灌《かん》仏《ぶつ》会《え》のハシゴも楽しい。

灌仏会の「灌」は灌ぐで、「灌仏」とは仏像に水

東大寺大仏殿の花御堂　季節の花で飾った特大の花御堂が用意され、奈良時代の灌仏盤・誕生釈迦像のレプリカを用いて灌仏会が行われる。桜吹雪の中でいただく甘茶はとてもおいしい。

誕生釈迦像と灌仏盤（東大寺）　聖武天皇・光明皇后が大仏様（毘盧遮那如来像）の開眼供養の日に灌水したであろう一具。釈迦像の健康的でふくよかな姿から、奈良時代の大仏の勇姿が偲ばれる。

を注ぐ意である。花御堂の中には、「灌仏盤」と呼ばれる盥《たらい》を置き、甘茶《あまちゃ》（山アジサイに似た甘茶の葉を煎じた茶が一般的）を満たし、その中心に、童子形の釈迦立像を安置する。像の材質は鍍金を施した青銅の金銅仏である。

参拝に訪れた人々は、その小さな釈迦像に小さな柄杓でそっと甘茶を掛ける。まるで産湯のような風情だが、これは、釈迦が生まれると、二匹（経典によっては九匹）の竜が祝福に現れ、釈迦に水を掛けたという故事を再現する行事なのである。

◉奈良時代の東大寺灌仏会

東大寺の大仏（盧遮那仏《るしゃなぶつ》像）の開眼供養は大仏が一応完成した天平勝宝《てんぴょうしょうほう》四年（七五二）の四月九日に行われた。当時の法会は屋外で行う庭儀が基本だったので、予定していた八日が雨天で、一日順延されたに違いない。つまり、当初は釈迦の誕生日に合わせて大仏さまの開眼を行おうと計画していたと見られる。

そのために準備された特大の誕生仏と灌仏盤が今も

東大寺に残っている。

全国に数多く残る誕生仏の背丈は七〜十数センチが中心で、小さな可愛らしい像が多いが、東大寺像は、それらと一線を画す五〇センチ近い大きさで、立派な灌仏盤の直径は九〇センチもある。いかにも大仏さまの前で行う灌仏会にふさわしい特大の一具で、作風からも、この時期の作と思われる。

誕生仏には幼児らしい健康美が遺憾なく造形化されており、絶頂期にあった天平文化の息吹がみなぎっている。灌仏盤の外側には、鳥獣・草花のほか空想上の動物である麒麟《きりん》や鶴に乗る仙人のような中国の神仙思想にまつわる文様が細かく線刻されており、華やかな唐文化に憧れていた人々の思いが偲ばれる。

大仏の開眼供養は、正倉院に伝わる数々の伎楽面や楽器を用いて盛大に開催されたが、その一連の行事の中で、聖武上皇と光明皇太后、その娘の孝謙天皇らが、この大きな誕生仏に灌水したのであろう。

大仏殿は二度の火災で焼け、大仏（盧遮那仏像）も大きく損傷し、その都度復旧されて今日に到っている。現在の頭部が完成したのは元禄《げんろく》四年（一六九一）なので、残念ながら、現在のお顔は江戸時代の作なのだが、この誕生仏によって、総国分寺とも称された東大寺の本尊であった奈良時代のお顔を想像することができるように思われる。

◉現在の東大寺灌仏会

現在の東大寺の灌仏会は、国宝に指定された誕生仏と灌仏盤の精巧な複製品を用い、大仏殿の正面で行われている。境内の椿や馬酔木で飾られた大きな花御堂の中に灌仏盤が置かれ、その中に立つ誕生仏に、参拝客が次々に甘茶を掛ける。

桜吹雪の舞う中で甘茶をいただくひとときは、春爛漫、華やかな天平の世に迷い込んだような至福の時間である。

現在の灌仏会は、他の行事を月遅れで行う地域でも四月のことが多い。すっかり春の風物詩として定着しているが、『徒然草』に「灌仏のころ、祭のころ、若葉の梢涼しげに茂りゆくほどこそ」と書かれたように、本来は賀茂神社の葵祭と並ぶ初夏の行事だった。

灌仏の図（『諸国図会年中行事大成』より） 縁先に置かれた花御堂は、杉の葉で作ったように見える。僧が見守る中、柄杓で甘茶を掛ける人や拝む人。抱かれたり、背負われたり、手を引かれたりした子供の姿も見える。

迎講・来迎会・ねり供養

◇「当麻のれんぞ」

来迎会・ねり供養というと當麻寺が有名で、歳時記の夏の項に載っているが、本来は季節とは無縁の行事だった。それにもかかわらず、来迎会・ねり供養の多くが旧暦では四月、新暦では五月に行われる理由は、農作業の休日と関係すると思われる。また、當麻寺にならってこの季節に行うようになった寺院も少なくない。

ちなみに、當麻寺では、現在、五月十四日に行われている。これは旧暦の四月十四日を新暦になって一ヶ月遅らせたものだが、この行事で阿弥陀仏のお迎えを受ける女性（ある時期から中将姫と語られる）が亡くなった日は、宝亀《ほうき》六年（七七五）の三月十四日と伝承されている。それにもかかわらず、室町時代には、命日から一ヶ月遅れの四月十四日の行事として定着していた。これは、稲作の繁閑に合わせて一ヶ月遅らせたためと推測される。

そのように判断する理由は、この行事が「当麻のれんぞ」と呼ばれて来たことにある。大和では、この時期に、矢田寺や久米寺でも同様の行事が行われ、それらも「れんぞ」と呼ばれている。さらに、この時期に神社で行われる行事もれんぞと呼ばれており、れんぞは、春の野に出てお弁当を食べる農家の休日、と理解されていた。つまり、このような骨休めの時期に合わせて、人々を阿弥陀浄土へ誘《いざな》う行事が定着したと考えられる。れんぞの語源は、折口信夫説の「練道」ではなく、「連座」説を支持したい。

◇西方極楽浄土へ行くために

「お彼岸」「大往生」「お迎えが来る」などの言葉は、いずれも阿弥陀信仰・浄土信仰に根差している。

阿弥陀仏がおられる極楽浄土への憧れは、比叡山の僧源信《げんしん》が十世紀末にまとめた『往生要集』で一気に火が付き、それから千年あまり、その影響は今日にまで及んでいる。

當麻寺の来迎会　当麻曼荼羅を本尊とする本堂は、この日、極楽堂と呼ばれ、東の娑婆屋との間に来迎橋が架けられる。極楽堂から娑婆屋まで中将姫を迎えに行った一行は、観音菩薩が姫を蓮台にのせ極楽堂へ戻って来る。

「往生」とは、あの世に往って生まれること。『往生要集』のキャッチフレーズは「厭離穢土　欣求浄土」で、煩悩に穢れたこの世を厭《いと》い、よろこんで極楽浄土へ行きましょう、と末法の世の到来を恐れていた人々を来世へと誘った。

『往生要集』には、阿弥陀仏が、蓮台を捧げる観音菩薩、それを手伝う勢至菩薩とともに、往生を願う行者の前に現れ、行者を救って「西方極楽世界（あの世）」に迎える様子が、感動的に書かれている。

源信は、この光景、すなわち、阿弥陀仏の一行があの世からこの世へ死者を迎えに来る「来迎」の有様を戸外で演じ、「往生」のための縁《よすが》にしようとした。それが、「迎講《むかえこう》」である。ちなみに、同じテーマを絵画化したものが「阿弥陀聖衆《しょうじゅ》来迎図」、通称「来迎図」である。

◇阿弥陀面から阿弥陀像へ

源信が始めた頃の来迎劇は、主役の阿弥陀仏も、脇役の聖衆（観音菩薩や勢至菩薩をはじめとするもろもろの菩薩や比丘のこと。後世は二十五菩薩と呼ぶことが多い）も面をかぶり、仲間同士で演じ合うような小規模なものだったが、次第に専門の楽人が加わって楽器を演奏するなど、規模が拡大した。

開催目的が、自分たちが往生を確信するためのイメージトレーニング、いわば臨終の予行演習から、布教へと変化し、娯楽性も加味されたのである。

迎講の舞台として理想的だったのは、寺院境内の池や、賀茂川のような大きな川で、橋を東西に架け、西に極楽、東に娑婆《しゃば》を想定し、その間を往還する形で演じられた。海岸や海上、山裾などの自然の地形が生かせる場所でも演じられた。

阿弥陀・聖衆の一行が西から現れ、蓮台《れんだい》を捧げた観音菩薩が、その蓮台に往生者に見立てた小像を乗せ、再び西に戻る様を見た人々は、往生を疑似体験して法悦に涙した、と諸書が伝えている。

阿弥陀仏は、像高二メートルを超える「八尺像」が登場する例も出現した。法隆寺（奈良）や四天王寺（大阪）の迎講には大きな阿弥陀像が登場していたことが史料からわかっている。下半身に裙《くん》をまとった半裸の阿弥陀像に布を仕立てた袈裟を着せ、面を着けた菩薩との違和感を軽減するような工夫もされた。その実例は浄土寺（兵庫）に快慶作の像（75頁）が伝わっている。

さらに、像内に人が入って身をかがめたり歩いたりする、まるで着ぐるみのような阿弥陀像も鎌倉時代中期には造られた。弘法寺《こうぼうじ》（岡山）では、現在もそのような阿弥陀像が登場する。

◇「迎講」誕生から千年

迎講は、それに使用された面が全国各地に残っていることから、地方でも盛んだったことがわかる。また、それらの面の制作年代が、平安・鎌倉時代から、室町時代、江戸時代、さらに現代まで、多岐にわたることが、継続を物語っている。

源信が迎講を始めてからおよそ千年の間に、阿弥陀来迎劇「迎講」の呼称は変化し、「迎接会《ごうしょうえ》」「聖衆来迎の儀式」「来迎の儀」など様々な名称で呼ばれ、やがて「来迎会」が通称となった。公演内容がわかる事例は少ないが、呼称の変遷は、公演の動機や趣旨の変化によるものと想像される。

江戸時代以降は、「ねり供養」と呼ぶことが多かった。これは、往生の願望が弱まるにつれて、行事の目的が先祖供養に変貌した結果と考えられる。阿弥陀・聖衆の往還という宗教劇の物語性が薄れ、仮装行列（パレード）の要素に関心が移ると、本来の名称は使わず、面をかぶって歩く行為そのものを指す「おねり」「お面かぶり」のような通称で呼ばれる行事も増えた。

現在も四十カ所近い寺院で定期的に行われている中で、古い形をもっとも良く伝えている弘法寺（岡山）の例と、中将姫伝説で名高い當麻寺の例を見ることにしよう。

弘法寺の踟供養　娑婆で、往生者に見立てた小像を蓮台の上に救い取った観音菩薩が、阿弥陀像のもとへ到着。この後、一行は西方極楽浄土に見立てた建物の中に消えて、阿弥陀聖衆来迎劇は終了する。

鎌倉時代の阿弥陀像が登場

弘法寺の踟供養

◉歩く阿弥陀像

極楽往生を切望した平安中期から鎌倉時代の人々にとって、臨終の際に阿弥陀さまに迎えに来てもらえるか否かは、文字通り死活問題だった。確実に迎えに来てもらうためには、死の間際に心乱さず一心に阿弥陀仏を念じる「臨終正念《しょうねん》」が重要と説かれていたので、人々は、やすらかな「往生際《ぎわ》」を迎える準備として、阿弥陀来迎劇「迎講《むかえこう》」を見に行ったのである。

つまり、人々が迎講を見に行く目的は、阿弥陀来迎を疑似体験して阿弥陀来迎を確信することだったので、主役の阿弥陀仏に関しては、参観者を驚かすような工夫も考案された。

その最たるものが、歩く阿弥陀像だった。

歩く阿弥陀像は、彦根のひこにゃんやディズニーランドのミッキーのような一種の着ぐるみで、見たところは普通の木造の仏像なのだが、空洞に造られた像内に人が入り、像を両

弘法寺の踟供養　登場する菩薩は６人で、「六観音」と呼ばれている。そのうちの２人が、往生者に見立てた小像を蓮台の上にのせる。

肩に担いで、少しではあるが、歩いたのである。中に入った人は、像の鳩尾《みぞおち》あたりに開けられた小さな穴から外を見ることができた。

歩く阿弥陀像は、しずしずと歩き、観音菩薩が捧げる蓮台上の往生者像を迎えたり、お辞儀をするように前傾姿勢を取ったり、最後は来迎図の「帰り来迎」場面のように背中を見せて立ち去ったりした、と想像される。

◉もっとも伝統的なねり供養

このような阿弥陀像は、現存像四例、過去に存在した像一例が確認できるが、弘法寺《こうぼうじ》の像のみが、今なお現役で登場している。

弘法寺は、瀬戸内海の港町牛窓の山間《やまあい》の寺である。浄土信仰の中心だった比叡山と交流があったことから、その影響で、鎌倉時代後期に阿弥陀来迎劇を始めたと考えられ、寺には、そのために用意した菩薩の面六面、地蔵の面二面、天童《てんどう》と呼ばれる童子形の面二面などが伝わっている。

主役の阿弥陀像は、頭部から袈裟の下までの上半身と、膝下から足先までの下半身の二部構造で、現状では、下半身を失っているが、その部分まで含めると、当初の像高はほぼ二メートルと推定できる。

行事の様子を宝永《ほうえい》七年（一七一〇）ごろの木版画で見てみよう。本堂前の広場、面を着けた一行が二列縦隊で往生者に見立てた人物像のもとへ向かう。先頭は地蔵菩薩。次は幡《ばん》を手にした天童で、子供が演じているようだ。それに続く六人の菩薩のうち二人（現在の行事では一人）は、往生者像を乗せる蓮台を捧げる。最後尾が像内に人が入った阿弥陀像で、光背を背に地面を歩いている。

◉古式ゆかしい来迎絵巻

人気の行事で、元禄（十七世紀末）には警護人三十人の維持を役所に嘆願するほどだった。昭和九年の写真では境内が参詣人であふれている。昭和四十二年に伽藍の大半を焼失し、行事も中断を余儀なくされていたが、平成九年に復活。観衆を極楽へと誘う古式ゆかしい来迎絵巻が、毎年五月五日に繰り広げられている。

初夏の花束を手にした稚児《ちご》の赤い袴《はかま》、幡を捧げる中学生の浅葱《あさぎ》の狩衣《かりぎぬ》など華やかな衣装が新緑に映える。菩薩の袈裟は金襴緞子《きんらんどんす》。近在の僧侶、裃《かみしも》姿の世話役も加わり総勢百名ほどの長い行列が、錫杖《しゃくじょう》・法螺貝《ほらがい》・銅鑼《どら》の音、また笙《しょう》・篳篥《ひちりき》・龍笛《りゅうてき》（横笛）の調べに合わせ、まず娑婆へ向かい、行者像（近年は中将姫像と呼んでいる）を迎え、やがて阿弥陀のもとへとゆっくり進む。金色の宝冠が輝き、散華《さんげ》が宙を舞う。

◉「踟供養」の文字

弘法寺の行事は、先に見た木版画などに「踟《ねり》供養《くよう》」と書かれていることから、この名称が使われている。おもしろいのは、地元の方々が、この難しい「踟」の字を普通に誰でも読めると思っておられることで、行事の時期には「踟供養」と書いた幟《のぼり》がそこここに立つ。

私が知る限り、現在もこの字を使っている所はほかに無い。しかし、一般によく目にする「練供養」は実は当て字（同音の漢字を借りた仮借）で、「踟供養」か「邌供養」が正しいのである。「踟」は〝たちもとほる〟〝ためらう〟、「邌」は〝おもむろ〟〝ゆっくり〟という意味なので、迎講のゆっくり歩くという行為を的確に表している。當麻寺の行事をはじめ、歴史的にはこのどちらかが使われていた。

弘法寺の行事は、阿弥陀像が出御されるという点でも、伝統に忠実だが、名称の点でも伝統を守っているのである。

踟供養最終場面　行者を極楽浄土へ迎え入れた阿弥陀様は背中を見せて帰って行く。来迎図の「帰り来迎」に当たる場面。

菩薩面

地蔵面

天童面

迎講阿弥陀如来像（弘法寺） 弘法寺踟供養では、面こそレプリカに替わったが、主役の阿弥陀像は鎌倉後期に造られたこの像が今も登場する。

二上山麓の浄土信仰

當麻寺の来迎会

◉「当麻曼荼羅《まんだら》」

南北に細長く西に山稜が連なる奈良盆地の夕焼けは、

どこから見ても美しく、平城京では生駒山、法隆寺のあたりでは信貴山《しぎさん》、そして明日香では雄岳《おだけ》と雌岳《めだけ》からなる二上山《にじょうさん》（「ふたかみやま」とも）に夕日が沈む。

迎講阿弥陀如来像（當麻寺）　像内に人が入って担ぎ、胸に開けられた穴から外が見える工夫がされているが、今の来迎会には登場しない。

二上山への落日を日々眺めていた飛鳥人にとって、二上山は、あの世へつながる特別な山だった。死者の魂が眠るにふさわしい場所として、推古天皇・聖徳太子・小《お》野妹子《ののいもこ》ら貴人の墓が山の西側に造られ、歌にも詠まれた。

當麻寺は、そのような二上山東麓の寺である。草創は白鳳時代で、河内と大和を結ぶ古道竹内《たけのうち》街道の北に位置し、東西二つの塔が並び金堂・講堂が南面して建つ薬師寺のような伽藍だった。

この當麻寺に、平安時代初頭、巨大な織物が奉納された。後に中将姫《ちゅうじょうひめ》が蓮糸で織ったと語られるようになる阿弥陀浄土変相図、通称「当麻曼荼羅」である。『観無量寿経《かんむりょうじゅきょう》』が説く阿弥陀の浄土、すなわち西方極楽浄土の有様が、四メートル四方の大画面いっぱいに綴《つづれ》織《おり》で表現されている。綴織は、下絵に合わせ多彩な横糸で絵を描くように織り上げる織物である。これだけ精緻で大きな作例は稀なので、鎌倉時代には、化女《けにょ》の姿で現れた観音菩薩が蓮糸で一夜のうちに織った藕糸《ぐうし》曼荼羅だと語られ、やがて中将姫が織ったと伝承された。実際のところは、八世紀に唐で制作された超一流品と見られている。

奉納された織物は、境内の西、二上山山裾に東向きに建てられた建物に、懸垂された。やがて参拝者の数が増し、平安末の永暦《えいりゃく》二年（一一六一）、この建物の正面に礼堂《らいどう》を増築したのが今の本堂（曼荼羅堂）である。このようにして、當麻寺は、古代寺院から「当麻曼荼羅」信仰の寺へと変容して行った。

●証空《しょうくう》の登場

さらに、鎌倉時代初めに當麻寺を訪れた一人の僧により、新たな歴史が作られた。僧の名は証空、浄土宗を開いた法然の高弟である。

当麻曼荼羅を目にして感動した証空は、田地を寄進し、諸事業を遂行して行った。

まずは当麻曼荼羅の模写である。信濃の善光寺をはじめ全国に模本を頒布する計画で、同寸のほか、縮写本を木版などで数多く制作し、中国までも流布させようとした。

また、当麻曼荼羅が下げられていた横長六角形の大きな構造物に蒔絵《まきえ》の扉を付設して立派な厨子に改造し、須《しゅ》弥壇《みだん》も造り替えた。

証空は、今風に言えばメディア戦略にも長けていた。人間業とは思えない高度な技巧で織られた当麻曼荼羅の由緒来歴（唐から船載された事情、それを當麻寺に安置した人物や経緯）は、全く不明だったのだが、出家して當麻寺に身を寄せた一人の女性が阿弥陀仏の導きにより完成させた信仰の結晶であり、この女性は阿弥陀聖衆の来迎を受けめでたく往生した、とのストーリーによる立派な絵巻『当麻曼荼羅縁起絵巻』（光明寺）を完成させたとみられる。

こうして物語性を付加された当麻曼荼羅は有り難みを増し、やがてこの女性は中将姫と呼ばれるようになった。

この女性の往生を仮面劇で見せたのが、當麻寺の来迎会なのである。厨子・須弥壇を改造した仁治《にんじ》三年（一二四二）から還元《かんげん》三年（一二四五）ころから始められたと考えられる。

◉来迎会の舞台

當麻寺へは、大阪と橿原《かしはら》神宮を結ぶ近鉄線の当麻寺駅から西へ徒歩十数分、正面に二上山を見ながらの一本道だ。かつては田園が広がり、来迎会の頃は一面のレンゲ畑に菜の花が色を添え、さながら浄土への入口のようだった。

今では幹線道路が横切って宅地化が進み、のどかさが薄れたが、門前あたりの家々の屋根や門には、鍾馗《しょうき》さまや大黒天、桃や菊をかたどった瓦が見られ、趣のある風情も残っている。

爪先上がりの坂に続く石段を上り、仁王門を入れば境内。少し行くと、普段は誰も気に留めない粗末な建物がある。西向きに建つこの小屋が来迎会の舞台の一つとなる娑婆屋《しゃばや》で、当日は、一二〇メートル先、当麻曼荼羅を本尊とする本堂との間に長い橋が架けられる。

この橋は「来迎橋」と呼ばれ、本堂は、当日のみ「極楽堂」と呼ばれる。

◉中将姫の往生を再現

来迎会は、極楽（あの世）から娑婆（この世）へ阿弥陀聖衆が死者を迎えに来て連れ帰る往還を人々に見せる

向かう二十五菩薩・天童らを見送っている。この絵巻の詞書で、當麻寺の行事も「迎講」と呼ばれていたことがわかる。

のが基本だが、當麻寺の場合は、中将姫の往生の再現というシナリオで演じられる。

　夕日が傾き始めた午後四時、尼姿の中将姫像を輿《こし》に乗せ、ふだん置いてある本堂から娑婆屋へ移動させる。本堂に一山の真言宗僧侶、娑婆屋に浄土宗僧侶が揃うと準備完了で、いよいよ仮面を着けた聖衆の行《ぎょう》道《どう》（パレード）となる。

髪をみずらに結った天童《てんどう》面の二人、僧形《そうぎょう》面の二人、楽器や仏具を持った菩薩面の二十一人が、極楽堂（本堂）から順に出発し、娑婆屋へ向かう。西方極楽浄土から娑婆へ中将姫を迎えに行くのである。

　面を付けて橋の上を歩くのは危ない上に、菩薩に扮装した人の中には、「お迎え」を願って参加された高齢者もおられ、みな介添人に手を引かれている。

　一行が橋を渡り終えた頃に、蓮台を捧げ持った観音菩薩、合掌した勢至《せいし》菩薩、天蓋《てんがい》を持った普賢《ふげん》菩薩が登場し、観音・勢至は腰をかがめ踊るような姿勢で橋を渡る。

　そして娑婆屋で、観音菩薩は、中将姫像から取り出された小さな金色《こんじき》像を蓮台に迎える。この像は中将姫の「化生像《けしょうぞう》」であり、金色であることは、中将姫が生まれ変わったこと、めでたく往生したことを意味している。

　中将姫を迎えた一行は、二上山に沈み行く夕日に向かって来迎橋を戻り、極楽堂へ帰って来るのである。

◉阿弥陀像の出迎え

　この時、一行を阿弥陀像が出迎えるというのが、証空

当麻寺縁起絵巻（當麻寺）　左手の建物が当麻曼荼羅を安置する本堂。その縁先に迎講阿弥陀如来像が立ち、娑婆へ

の演出だったに違いない。つまり当初は、牛窓の弘法寺同様、歩く阿弥陀像が登場していたのだ。しかし室町時代には、その像を本堂の縁先まで台座ごと引き出すだけの簡略形になっていたことを、寺に伝わる『当麻寺縁起絵巻』が伝えている。それも行わなくなって久しい。像は、来迎会の日も、内陣の須弥壇上にいつも通り安置されたままである。

だが、証空が広めた〝当麻曼荼羅を生み出した女性がその功徳《くどく》で往生〟という物語は、人々を魅了した。当麻曼荼羅の絵解きや、世阿弥の謡曲『当麻《たえま》』『雲雀山《ひばりやま》』、浄瑠璃・歌舞伎などで「中将姫」の名は広まり、中将姫を迎える筋書きの来迎会が各地で行われるようになったのである。

先の弘法寺踟供養でも、江戸時代には「行者之像」と呼ばれていた往生者の小像を、近年は中将姫と呼んでいる。

當麻寺本堂　西方極楽浄土を表現した当麻曼荼羅を本尊として安置することから、曼荼羅堂とも呼ばれ、二上山を背に東向きに建つ。ここは往生を願う人々にとってまさに浄土だった。

夏の行事

◇夏安居

仏教で夏の行事といえば、「夏安居《げあんご》」であろう。「雨安居《う》」「夏行《げぎょう》」とも呼ばれる。「夏《げ》」も「安居」も仏教用語で、「夏」は四月十六日から七月十五日の間、「安居」は雨期を意味する。釈迦（釈尊）の頃から、万物が成長・発育するのを妨げたり殺生しないように、雨期の一定期間は外出せず、一カ所にこもって修行に専念する習慣だったらしい。日本でも、夏の九十日間、護国経典である『仁王般若経』『金光明最勝王経』の講義が、律令国家の事業として行われていた。

ちなみに、秋の章で取り上げる盂蘭盆会《うらぼんえ》（のちの「お盆」）は七月十五日に営まれるが、この日は夏安居の最終日に当たっている。盂蘭盆会は、釈迦の十大弟子のひとり目連《もくれん》の故事を説く『仏説盂蘭盆経』をもとに、七月十五日に多くの僧に百味《ひゃくみ》の飲食《おんじき》を提供する法会だが、すでに推古天皇の時代から行われ、奈良時代には、そこに追善の意識が加わった。七月十五日に僧侶に食事を提供する意味は、九十日間の修業を終えた僧に対する慰労の気持ちが込められていたに違いない。

現在も法隆寺では、西室《にしむろ》（回廊で囲まれた西院伽藍の西に建つ僧坊《そうぼう》だった建物）で、聖徳太子の撰述とされる『三経義疏《さんぎょうぎしょ》』（『法華経』『勝鬘経』『維摩経』の注釈書）の講義が九十日間にわたって行われており、この時期に、一般向けの法隆寺夏季大学が開催されている。

◇民間の夏の行事

一般に、夏の行事は、農事暦とはあまり関係せず都市生活の中で発達した、と言われている。また、夏季に多い疫病や天災を鎮めることを目的とした行事が多いのも特徴である。

ここで取り上げたのは、鬼子母神《きしもじん》を本尊とする三井寺の千団子祭、勝鬘院（大阪）の愛染祭、信貴山の毘沙門天王祭だが、やはりいずれも農耕とは縁遠い、いわば個人の現世利益を祈願する祭りである。

初期の仏教は、各自が出家して自らが悟りを開くことを目指し、この世での冥利栄達を否定していた。仏像を造って拝むことさえも避けていたのだが、仏教が普及してゆく課程で、仏に祈願すれば仏はこの世における幸福を満たしてくださる、と説くように変化した。衣食住の充足、無病息災や延命、五穀豊穰や豊漁、個人の願望から地域社会の利益、さらに国家安泰まで、多様な要望を仏前で祈願するようになった。

このようなお願いが、特に天部像にはしやすかったようだ。その理由は、天部はもともとインドのバラモン教や民間信仰の神々であり、その段階ですでに人々の雑多な願望を叶えて下さる存在だったから、と考えられる。そのような由緒から、庶民で賑わった仏教行事には、弁才天や鬼子母神、毘沙門天や大黒天など、天部像が多い。この本で取り上げた行事も、釈迦如来の誕生・成道（悟りを開くこと）・涅槃（入滅、死）にちなむ法会、極楽往生をたのむ阿弥陀如来と地蔵菩薩、それに関連した閻魔大王をめぐる行事をのぞくと、その多くは天部像に現世利益を祈願する法会・行事である。

また、愛染明王は、本来は真言密教の修法「愛染法」の本尊なのだが、いつの間にか、男女の縁結び、恋愛成就の仏と見なされ、遊女や芸人にも篤く信仰されたのである。

鬼子母神に成長を祈る

三井寺の千団子祭

◉三井寺の歴史

近江八景のひとつ「三井の晩鐘」で知られる三井寺は、大津の北西、琵琶湖を見下ろす高台に位置している。正式な名称は園城寺《おんじょうじ》だが、古来有名な霊水「御井《みい》」から〝御井の寺〟と呼ばれ、「三井寺」の名で親しまれてきた。

発掘調査によって、白鳳時代からこの場所に寺院があったことが知られており、寺伝は、大津宮《おおつのみや》に一時遷都した天智天皇の孫の大友与多王《よたおう》が、壬申の乱のため二十五歳の若さで没した父大友皇子（弘文天皇）の菩提を弔って創建した、と伝えている。

やがて平安時代初期に、天台密教の一大拠点となった。唐に渡って五年間仏法を学び、多くの経論を請来した智

三井寺護法善神堂　境内のはずれに建つので普段はひっそりしているが、千団子祭には親子連れで賑わい、堂の前の放生池に亀が放たれる。

証大師円珍《えんちん》が再興し、貞観《じょうがん》八年（八六六）に比叡山延暦寺の別院としたのである。円珍の没後、円珍の門流は慈覚大師円仁の門流と対立し、正暦《しょうりゃく》四年（九九三）に比叡山を下り、三井寺を拠点としたのだが、ますます対立は激化した。そして、比叡山を拠点とする円仁の門流「山門」によって、円珍の門流「寺門」の三井寺は何度も焼討ちに遭った。その回数は小規模なものまで含めると五十回にも及んだという。

護法善神像（三井寺）　護法善神堂には２体の鬼子母神像が伝わっており、平安時代のこの立像は「護法善神像」、鎌倉時代の倚像は「訶梨帝母像」と呼ばれている。

　しかし、藤原道長・白河上皇ら貴顕の尊崇を集め、中世にも源氏・北条氏・足利氏の帰依を受け、多くの寺領を有していた。その寺領の没収を命じた豊臣秀吉も、晩年には再興を許可、立派な金堂をはじめとする今日の寺観が整えられた。

　このような歴史を経た三井寺は多くの仏像・仏画を伝え、観音堂は西国三十三所の札所になっているが、その多くは秘仏で、普段は拝観することができない。千団子祭《せんだんごまつり》は、広い境内の東の一画、中院に東面して建つ護法善神堂《ごほうぜんしんどう》で行われる。護法善神とは仏法を守護する神々の総称だが、三井寺では、鬼子母神《きしもじん》を護法善神として祀っている。

◉インドの女神　鬼子母神

鬼子母神は、ハーリティというインドの女神である。ハーリティの音を漢字で「訶梨帝」と表記し、訶梨帝母《かりていも》とも呼ばれる。経典により千人とも一万人とも伝えるほど子沢山だったが、よその子供を食う鬼女だった。そこで、釈迦がこの悪行を止めさせるために一計を案じ、末子を隠したところ、悲しさのあまり改心して、子供の守護神となったと説かれている。

日本で鬼子母神を篤く信仰するのは日蓮宗である。その理由は、日蓮が『法華経』「陀羅尼品」の説に基づいて、鬼子母神と十羅刹女《じゅうらせつにょ》を法華経信仰の守護神として崇めたことによる。

では、なぜ天台宗の三井寺で鬼子母神を護法善神として祀っているのだろうか。寺の記録には、円珍が五歳の時に鬼子母神が出現し、円珍の教えを護持することを誓った話が残されている。

さらに、護法善神堂本尊の鬼子母神像を円珍自刻の像と言い伝えている。

◉三井寺の鬼子母神像

護法善神堂本尊の鬼子母神像は、左手にザクロを持って立つ等身大の像で、穏やかな表情の丸顔にやさしさが満ちている。洗練された優美な作風から、十一世紀から十二世紀、文化史で言うところの藤原時代の作と見られ、当時、都で活躍した院派仏師院覚の作である可能性も指摘されている。

つまり、寺伝のように円珍の時代までは遡らないのだが、円珍ゆかりの像として大切に護られて来たので、当初の彩色が美しく残っている。

護法善神堂には、もう一体、高さ四十数センチの鎌倉時代の鬼子母神像が祀られている。こちらは椅子に腰掛け片足を組んで幼児を抱く像で、やはりザクロを持っている。筒袖の衣と袂《たもと》のある衣を重ねた上に襠襠衣《がいとうい》（袖無しの上着）と衣装は唐風だが、子供をあやす表情は穏やかで、日本の母を思わせる魅力的な影像である。

寺では、立像を護法善神像、坐像を訶梨帝母像と呼んで区別しているが、どちらも鬼子母神像であることに変わりはない。

◉ザクロ

その証拠に、どちらの像もザクロの実を持っている。

ザクロの原産地はペルシアだという。花が美しく、実が食用になり、根や樹皮には薬効があることから、各地へ広まった。日本へは、平安時代に中国から伝えられ、庭木として広く栽培されたという。

古くガンダーラのハーリティ（訶梨帝）像がすでにその実を手にしている。

ザクロの実は、鬼子母神が子沢山だったことから多産の象徴とも、また鬼子母神が元はよその子供を食う鬼女だったことから人肉の代わりとも説明され、特別な果物として、吉祥果とも呼ばれる。鬼子母神は必ずザクロの実を持つことが約束事なのである。

◉千団子祭

千団子祭は、かつては五月十六日から三日間だったが、現在は五月中旬の土曜日曜に開催されている。

千団子社とも呼ばれる護法善神堂へは、山門をくぐり、方形の放生池に架かった太鼓橋を渡って行く。護法善神堂が建つ中院は金堂のある中心伽藍から離れているので、普段はひっそりしているが、千団子祭の行われる間は、鬼子母神に子供の無病息災や安産を祈願しようと訪れる多くの参拝客で賑わう。常は秘仏の鬼子母神像も、この間のみ拝観することができる。

仏前に供えられるのは、千人の子供の代わりという千個の団子を串に刺したものや、三方に盛り上げたザクロの実など。掲げられる提灯《ちょうちん》にもザクロが描かれる。

祭の間は露店が並び植木市が立つ。放生池では放生会《ほうじょうえ》が行われる。甲羅に名前と年齢を書いて貰った亀を池に放つ親子の、晴れやかな表情がほほえましい。

弓と矢を持つ深紅の仏

勝鬘院の愛染まつり

◉「愛染さん」の歴史

四天王寺の別院勝鬘院《しょうまんいん》は、四天王寺の北西、古来、夕日で名高い夕陽丘《ゆうひがおか》の一郭にあり、聖徳太子設立の四カ院のひとつ施薬院《せやくいん》（貧しい病人に投薬し治療する施設）の後身という。

江戸後期の『摂津名所図会』などは、聖徳太子が『勝鬘経』を講義された所と伝えており、金堂には、釈迦の神通力を受けて『勝鬘経』を説いたとされる勝鬘夫人《しょうまんぶにん》の像が置かれている。勝鬘夫人はインド舎衛国《しゃえいこく》の波斯匿《はしのく》王《おう》の娘で、父王の勧めで仏法に帰依した女性。『勝鬘経』は在家得道の信仰を示す大乗仏教の経典で、その注釈書『勝鬘経義疏』を聖徳太子が著したと伝えられている。

勝鬘院金堂（愛染堂） 山門や参道、境内の建物には、愛染明王に奉納された提灯がびっしりと掲げられている。金堂本尊の愛染明王像は秘仏だが、修正会と愛染祭には開帳される。

愛染明王像（勝鬘院）　愛染明王は現世を肯定し情念を認める密教ならではの仏。身の色は太陽のように赤く、怒りの表情を示して髪が逆立ち、激しく燃える円輪を背にする。腕は六臂で、密教法具や弓矢を持つ。

勝鬘院の境内は、織田信長が石山本願寺（大坂城の場所にあった浄土真宗の本山）を攻略した際に陣となり、焦土と化したようだが、その後に豊臣秀吉が戦勝を祈願して再建した多宝塔と、二代将軍徳川秀忠が建てた金堂が今に残っている。文禄《ぶんろく》三年（一五九四）建立の多宝塔《たほうとう》は、大阪市内現存最古の木造建造物（国の重文）である。

このように由緒正

しく、貴重な文化財を伝えるが、付近で「勝鬘院」と尋ねても、恐らく通じないだろう。通称は「愛染さん」、あるいは「愛染堂」。地元でもこの名前で親しまれている。

愛染さんという寺名は、金堂本尊の愛染明王《あいぜんみょうおう》像に由来している。秘仏だが、六月三十日から三日間行われる愛染まつりと正月の修正会《しゅしょうえ》には開帳され、住宅街の中の静かな寺院に大勢の参拝客が押し寄せる。

◉愛染明王とは

愛染明王は、サンスクリットの名前をラーガラージャという。ラーガは赤い色、さらに愛情や情欲、ラージャは王を意味するので、愛染明王と漢訳された。

現世を肯定し情念を認める密教ならではの仏で、愛欲をむさぼりそれに染まる心を清浄な悟りを求める心に至らしめる仏と説明される。「煩悩即菩提」。悟りを妨げる煩悩をそのまま悟りの境地である菩提に導いて下さる、と解釈して良いのだろうか。

その姿を見てみよう。身の色は太陽のように赤く、激しく燃える円輪を背にしている。目は三目でにらみつけ、頭には獅子の冠を頂いている。腕は六臂《ろっぴ》で、一番前の両手には密教法具の五鈷鈴《ごこれい》と五鈷杵《ごこしょ》、次の両手には弓と矢を持ち、奥の左手は拳を作り、右手は蓮華を握っている。

インドや西域、中国での造像例は確認されていない。日本でも、愛染明王について説く経典『金剛峯楼閣一《こんごうほうろうかくいっ》切瑜伽瑜祇経《さいゆがゆぎきょう》』を平安時代初期に弘法大師空海が唐から持ち帰って来たのだが、同時に伝えた不動明王のように直ちに信仰が広まることはなかった。

◉愛染明王信仰の変遷

しかし、仏教に対する期待が、国家安穏や五穀豊穣など公のことから皇族貴族の私的欲求に変化する中で、にわかに注目され、平安末期のいわゆる院政期に多くの彫像や画像、愛染明王を中心に描いた曼荼羅が造られた。

その前で「愛染法」と呼ばれる修法（加持祈祷《かじきとう》）が行われたのである。そこで祈られたのは、皇位継承を巡る調伏《ちょうぶく》（敵対するものを下すこと、のろい殺すこと）。さらに病気平癒や安産など、まさに個人的な願望だった。寵愛や栄達を望んで修されることも多かった。

源頼朝は奥州征伐の折に戦勝を祈願して造像した。日蝕・月蝕などの際の息災法《そくさいほう》の本尊とされることもあった。

江戸時代には、男女和合に利益《りやく》ありとか、愛敬《あいぎょう》を得て美貌になるとの霊験《れいげん》が強調され、特に遊女や芸人に篤く信仰された。

◉勝鬘院の愛染明王信仰

勝鬘院の愛染明王も、そのような粋筋の面々によって信仰されて来た。それがいつ頃に始まったかは不明だが、愛染明王に寄進を行った鎌倉後期の文書が残っている。

江戸時代の愛染祭の盛況ぶりは、井原西鶴『男色大鑑《なんしょくおおかがみ》』や近松門左衛門『冥途飛脚《めいどのひきゃく》』など、多くの江戸文学が伝えている。大坂や京都島原の遊女をはじめ芸能人などが参拝に訪れたが、その際、各自の紋と名前を書いた提灯《ちょうちん》を献納して参拝する習慣があった。

提灯献納の伝統は、奉納主が銀行など企業中心に変わったものの、現在も続いており、山門や参道、途中の薬医門《やくいもん》、金堂《こんどう》や多宝塔に数百の献灯が掲げられている。

◉駕籠に乗って愛染さんへ

祭に色を添えたのは、参詣の往復に遊女らが用いた駕《か》籠《ご》だった。江戸後期の風俗誌『守貞謾稿《もりさだまんこう》』によれば、もとは色駕籠と称し、「ほいほら　ほいほら」という掛声から「ほい駕籠」、それに縁起の良い字を当て「宝恵《ほえ》駕籠」と呼ばれるようになったのだという。

多くの遊女が盛装し、駕籠で「勝鬘参り」をした有様を、宝永《ほうえい》六年（一七〇九）初演の近松門左衛門『心中刃氷朔日《やいばはこおりのついたち》』は生き生きと伝えている。

「氷朔日」とは六月一日のこと。古来、宮中で氷室から氷を取り出した特別の日で、遊郭では遊女が必ず客を取らねばならない紋日《もんび》でもあった。曾根崎新地の遊女小かんは前日の五月三十日に駕籠で勝鬘院へ詣で、提灯二つを愛染さまに奉納し、翌一日の夜明けに鍛冶屋職人の平兵衛と心中する。これは実際の情死事件を近松が脚色したものという。

明治中期に編まれた『浪華百事談』も、愛染祭について、昔から五月三十日の夜から翌六月一日の行事だったが、老人の話では昔はもっと賑やかだったと伝えている。現在は、月遅れで六月三十日から七月二日に行われている。

◉逢い初め・藍染め

勝鬘院の愛染まつりは大阪で行われる最初の夏祭ということで、この日から浴衣を着る習慣があり、「浴衣祭」とも呼ばれる。近年も、揃いの浴衣の芸者衆が駕籠で参拝し、境内で縁起物を手渡していた。しかし今では、募集に応じた「愛染娘」が浴衣姿で駕籠に乗り市内をパレード、夏の到来を告げている。担ぎ手の掛け声は、「愛染さんじゃ　ほぉえっかぁごっ、べっぴんさんじゃ　ほぉえっかぁごっ、商売繁盛　ほぉえっかぁごっ」。

愛染と聞いて映画「愛染かつら」を思い出す方もおられるだろう。主人公の男女二人が愛を誓った桂と伝える木は信州別所《べっしょ》や東京谷中《やなか》にもあるが、古木の桂にノウゼンカズラの蔓《つる》が絡んだ勝鬘院境内の桂こそ、川口松太郎が着想を得た桂だという。愛染まつりでは、夏に大きなオレンジ色の花を付けるノウゼンカズラの造花が縁起物として売られ、愛染娘の髪にも飾られる。

後世は、愛染を「逢《あ》い初《ぞ》め」と解しての縁結び、「藍《あい》染《ぞ》め」と解しての染物業者の帰依など、多岐に亘る信仰が展開した。

愛染祭りの光景　近年は芸者衆に替わって募集に応じた「愛染娘」が駕籠に乗り、夏の到来を告げる。大阪では、この祭りから浴衣を着たという。

寅が守る庶民信仰の霊山

信貴山の毘沙門天王祭

毘沙門天は、尊敬の念を込めて毘沙門天王とも呼ばれるが、四天王の一人「多聞天」のことである。

◉多聞天と毘沙門天

信貴山《しぎさん》は、大和と河内を隔て南北に連なる生駒《いこま》山地の南端、標高四三七メートルの山である。しかし、奈良や大阪の人が「信貴山」といえば、それは「信貴の毘沙門さん」、朝護孫子寺《ちょうごそんしじ》のことに違いない。

ここは日本で最初に毘沙門天が現れた地なので、「信ずべき、貴ぶべき山」ということで、信貴山と名付けられたという。山中には多くの堂塔や鳥居が建ち並び、境内は庶民信仰の熱気に包まれている。

毘沙門天像（朝護孫子寺）　平安後期の金銅仏で、像高17.2センチ。霊宝館安置。本堂には秘仏２体と、お前立、３体の毘沙門天像がおられる。

仏教の世界観では、その中心に須弥山《しゅみせん》という高山が聳え、頂上に帝釈天、中腹に四天王が住み、日月がその周囲を巡ると考える。四天王の名前は、東方が持国天、南方が増長天、西方が広目天、北方が多聞天で、それぞれ甲冑をまとい足下に邪鬼を踏まえて仏法を守護すると説かれるが、古くガンダーラ以来、北方天のみを特別視し、別格に信仰して来た。

そして漢訳仏典では、四天王の中の北方天の場合は「多聞天」、単独で信仰する場合は「毘沙門天」と呼んで、両者を区別して来た。

毘沙門天は、仏教成立以前からインドで信仰されていた神ヴァイシュラヴァナの音《おん》の漢訳で、意訳すると、四天王の一人「多聞天《たもんてん》」となる。

日本でも奈良時代から、四天王とは別に単独で造像し、次第に財宝福徳を授かる神としての側面が強調され、やがて七福神の一員に加えられた。

◉信貴山の毘沙門天信仰

寺に伝わる平安絵巻の名品『信貴山縁起絵巻』は、信貴山の毘沙門天を出現させたのは、寺を再興した修行僧命蓮《みょうれん》だと伝えている。

絵巻の中の命蓮は、托鉢の鉢を法力《ほうりき》で山崎（生駒山地の北方、古来、京都と大阪を結ぶ水陸交通の要衝）の長者のもとへ飛ばして米蔵を山へ引き寄せたり、山に居ながらにして醍醐天皇の病を直し、その報告に「剣の護法」という童子を天皇のもとへ遣わせるような奇跡を行う霊《れい》験《げん》話の主人公である。

命蓮の活躍は常人離れしており、架空の人物のように見えるのだが、命蓮の名は書類にも残っており、九世紀末から十世紀中頃に信貴山に実在した僧侶と考えられている。

人々は命蓮の遺徳をいつまでも偲び、着古しの僧服や朽ちた米蔵の材の端を御守とし、材の端で毘沙門天像を造った人は誰も財をなした、との後日談で絵巻の最後は結ばれている。

◉寅の刻の毘沙門天王御出現大祭

寺は、信貴山の東麓に位置しており、京都清水寺のような懸《か》け造《づく》りの本堂（毘沙門堂）からは、遠く奈良盆地が眺められる。山かげで見えないが、東隣り、距離で六キロほどの場所に法隆寺があるので、信貴山の毘沙門天信仰は、やがて法隆寺との関係で語られるようになる。

聖徳太子信仰と結び付けられ、太子が物部守屋《もののべのもりや》討伐の折、この山で戦勝祈願したところ、寅の年の、寅の日の、寅の刻に毘沙門天が出現したと信じられるようになったのである。

七月三日の毘沙門天王御出現大祭もこの説話を再現するもので、前後の数日間、秘仏毘沙門天像の厨子の扉が開かれる（二体のうち奥秘仏は寅年のみの御開帳）。

参道の千基を越える石灯籠に前夜から灯火が点じられ、宿坊におこもりしていた信者や深更《しんこう》に登山して来た参詣人が本堂へ参集。「寅の刻」、つまり午前三時の太鼓の合図で法要が始まり、一山の僧による大音響の読経が本堂に響き渡る。

終了の頃には、東の空が白み、眼下に広がる奈良盆地の夜明けの光景が美しい。

信貴山内の至る所には、「寅」に因んで大小様々な虎が、まるでマスコットのように鎮座している。毘沙門天は商売繁盛に霊験ありと信じられているので、奉納が絶えないのである。張り子風の大きな虎、石造の親子の虎、橋の欄干にも虎がデザインされており、広い境内は、少し大げさに言うと、まるで虎が放し飼いされているような景観を呈している。

信貴山本堂　山の斜面に建つ本堂は懸け造り。境内の至る所に様々な材料で造られた大小の虎がいて、参詣者を迎える。

弁天祭

◇インドの弁才天

弁天様というと、七福神の中の紅一点、琵琶を奏でる美女を思い出す方が多いだろう。しかし歴史的に広く信仰された弁才天の姿は、これとは全く異なっていた。弁天祭に行く前に、弁才天について知っておくことにしよう。

弁才天の生まれはインド。サラスヴァティーという川の化身として神話に登場する女神だった。インド人は、日本人と同じように、山や大地、樹木や鳥獣など自然を神格化し信仰していたので、仏教は、それら在来神を取り込みながら多様な仏像世界を構成していった。毘沙門天や吉祥天など「〇〇天」と呼び、「天部」と総称される仏像の仲間に加えたのである。

弁才天は、川音の連想から言葉の神と見なされ、音楽や弁舌を司ると説かれた。さらに八本の腕で阿修羅を破った話があり、戦闘神の性格も持っていた。

◇日本の弁才天

弁才天は、聖武天皇が護国思想の拠り所とした『金光明最勝王経《こんこうみょうおうさいしょうおう》』に登場するので、日本でも奈良時代から造像され、正月に五穀豊穣を祈念する吉祥悔過会で、吉祥天とともに本尊となった。東大寺法華堂には、その目的で当時造られた現存最古の弁才天像（29頁参照）が伝わっている。様々な武器を手にして立つ八臂《はっぴ》（腕が八本）の像で、粘土で造った等身大の塑像である。

『大日経』など密教経典に登場する弁才天は二臂で、琵琶を奏でる姿をしている。胎蔵界曼荼羅にもこの姿の像が描かれているが、平安時代に造像された弁才天であることが明らかな彫像は、二臂

『諸尊図像集』（称名寺）の弁才天図　鎌倉時代に集められたこの図像集には、弁才天が３例収められている。ここに掲げたのは、腕が２本で琵琶を奏でる坐像と、腕が８本で弓矢や戟、刀などの武器を持つ立像。

像も八臂像も知られていない。

作例が残るのは鎌倉時代以降である。仕立てた布製の着物を着せる裸形像としても有名な鎌倉鶴岡八幡宮と江ノ島神社の弁才天像はこの時期の作例で、ともに琵琶を奏でる姿をしている。

鎌倉時代以降に多いのは、頭上で白蛇がとぐろを巻く像である。

◇日本の神と合体した弁才天

弁才天の頭上でとぐろを巻く蛇は、宇賀神という日本固有の穀物神である。蛇をよく見ると、その頭部は髭を生やした老人の顔をしており、蛇の前には鳥居が立っている。

摩訶不思議な像だが、弁才天は河川の神だったことから豊穣を司ると考えられ、宇賀神と一緒にして、日本独自の「宇賀弁才天」が編み出されたのである。

やがて、財宝神・福徳神の性格を強調するため、武器のほかに宝珠と鍵を持たせ、「弁財天」とも表記するようになった。

日本人は神と仏を様々な形で重ね合わせて信仰して来たが、宇賀弁才天はその象徴のような存在である。インド生まれの女神が日本の神と一体化したことで日本に深く入り込んだと言える。

弁才天は、日本三弁天と言われる琵琶湖の竹生島、安芸の宮島、相模の江ノ島をはじめ、各地で信仰された。祀られた場所は、インドでは川の神だった由緒を継いで、池のほとりや湖や海のそばが多い。境内の池の中に弁天堂のある寺院も少なくないが、弁才天の中には明治の神仏分離で、神像として祀ることを強要された例が多い。与願寺という真言宗の寺院だった江ノ島も、現在は神社に姿を変えている。

蝉時雨の中　三重塔で

興福寺の弁天祭

◉七夕に弁天祭

奈良は弁才天信仰が盛んだ。

奈良の町医者で郷土史家でもあった村井古道が元文《げんぶん》五年（一七四〇）にまとめた『南都年中行事』には、弁才天像を安置する二十を超える寺院の建物と、八十を越える祠《ほこら》が列挙されている。それらの場所では、役行者《えんのぎょうじゃ》の命日とされる六月七日に弁才天の祭礼が行われていた。

明治以降は、その日取りが月遅れで七夕と重なった。この季節、各所の弁天堂や商店街には、「辨財天《べんざいてん》」（辨は弁の旧字、財は財宝を願う当て字）と書いた提灯《ちょうちん》と、七夕の笹飾りが一緒に飾られる。

興福寺の弁天祭　三重塔の初層で行われる。空海が吉野の天川から勧請した弁才天の由緒を継ぐことから、提灯には「窪辨財天」の文字。

興福寺でも、七月七日に三重塔で弁天祭（弁天供《く》）が行われる。興福寺で塔といえば、猿沢池《さるさわのいけ》に影を映す五重塔ばかりが注目され、三重塔は、大きな南円堂《なんえんどう》の背後の窪地という立地の悪さから、全く目立たない。しかし貴重な鎌倉建築で、その初層の東面に弁才天像が祀られている。

◉空海が天川から招いた弁才天

興福寺の弁才天は、藤原氏繁栄の基礎を築いた冬嗣《ふゆつぐ》が、父のために弘仁《こうにん》四年（八一三）に南円堂を創建した際、弘法大師空海が造営の成功を祈って吉野の天川《てんかわ》（天河）に参籠し、天川より招いたと伝えられている。

そして天川の弁才天は、役行者が自らの守護仏を求めて岩に向かって祈ったところ七日目に現れた像だという。しかし、この像はあまりに容姿端麗だったので、役行者は、守護仏には不向きと考え川に流したそうで、それ以来、天川は弁才天の聖地となっている。その姿は、もちろん八臂《はっぴ》（腕が八本）で頭上に宇賀神《うがじん》をいただく宇賀弁才天である。

空海が勧請したという弁才天像は、南円堂の背後、三重塔のすぐ北側に安置されていたようだ。その場所に今

興福寺三重塔　源平の争乱で焼失し、鎌倉初期に再建された美しい姿の塔。初層の東面に弁才天像が祀られている。

も、「窪辨財天御宝前《ごほうぜん》」と書いた一対の石柱が、土に埋もれるようにして立っている。

窪弁才天は篤く信仰された。その様子は諸書が伝えており、最寄りの繁華街の地名「餅飯殿《もちいどの》」も、この像に餅《もち》飯《いい》（餅のこと）を供えたことにちなむとの説が有力だ。

弁才天像（興福寺）　三重塔に置かれた弁才天像。宇賀弁才天の眷属十五童子と牛・馬・船・車が前に並ぶ。後壁には千体仏が描かれている。

◉蝉時雨の中の弁天祭

現在、三重塔に安置されているのも宇賀弁才天で、由緒を継いで「窪辨財天」と称されている。ただしこの像は、明治初期の廃仏毀釈の嵐が治まってから、興福寺の子院世尊院から移されたのだという。

弁天祭は、炎暑の中、朝九時に始まる。読経の声を掻き消すほどの蝉時雨に混ざって、時折、南円堂の風鐸の音が風にのって届く。

弁天祭は、普段は秘仏の弁才天像にお目に掛かる唯一の機会で、八本の手に宝珠・三叉戟・弓・矢・剣・鍵・宝棒・宝輪を持っておられる姿や、ふくよかなお顔を間近に拝することができる。供物の果物や野菜の陰には、眷属《けんぞく》（従者）の十五童子像の可愛らしい姿も垣間見える。

遊女が愛でた弁才天

長建寺の弁天祭

◉水運の拠点の夏祭り

京都の南、秀吉が城を構えた伏見は、かつて京と大坂を結ぶ水運の拠点だった。その伏見に盛夏の訪れを告げるのが、七月最後の日曜日（もとは七月二十二・三日）に行われる長建寺《ちょうけんじ》の弁天祭である。

長建寺は、京阪電車の中書島《ちゅうしょじま》駅の北、宇治川に注ぐ運河に面している。伏見奉行の建部内匠頭《たけべたくみのかみ》が元禄《げんろく》十二年（一六九九）、開拓中のこの地に、伏見城下から即成院《そくじょういん》の塔頭多聞院《たっちゅうたもんいん》を移して寺とし、秀吉が崇拝した弁才天像を迎えたと伝えられている。

ちなみに即成院は、伏見に豪邸を構えた平安歌人 橘俊綱《たちばなのとしつな》（藤原道長の孫、平等院を造った頼通《よりみち》の子）の持仏堂に始まるが、伏見城を建てる際に移築され、今は京都東山の泉涌寺《せんにゅうじ》山門脇に建っている。

さて、即成院から迎えられた弁才天像も、琵琶を奏でる姿ではなく、やはり八臂《はっぴ》の宇賀《うが》弁才天だった。ふくよかな美女でありながら、頭上には、老人の頭を持った白蛇の宇賀神がとぐろを巻き、大きな鳥居の付いた冠《かんむり》をかぶっている。八本の腕には、宝剣や弓矢などの武器のほかに宝珠《ほうじゅ》と鍵を持ち、蓮の葉の台座に坐している。

◉「島の弁天さん」

この弁才天像を篤《あつ》く信仰したのは遊女だった。河川交通の港町として繁盛した中書島の長建寺周辺には遊郭が軒を連ね、最盛期には四百人の遊女がいたのである。

弁才天像（長建寺） 豊臣秀吉が崇拝していたと伝えられる弁才天像。頭上の鳥居の奥に、宇賀神の頭部が見える。

数年前、事前に御挨拶することもなく初めて長建寺を訪れたのだが、御住職の岡田豊禅氏は、庫裡《くり》に招じて史料や写真を見せて下さった。その折、節と木目がくっきり浮き上がり不思議な存在感のある一枚板の座卓でお茶をいただいたので、その座卓の由緒を伺うと、門前を航行していた三十石船の底板とのことだった。さらに、子供のころには門前に橋が無く、対岸へは船で渡ったと話して下さった。

中書島は文字通り島だったのである。赤い土塀で囲まれた長建寺は今も「島の弁天さん」の名で親しまれている。

◉河川改修までは船渡御

河川改修で川幅が狭くなる昭和二十六年までの弁天祭では、芦の大束を船上で燃す篝《かがり》船や神輿《みこし》船、囃子《はやし》船が島を巡る船渡御《ふなとぎょ》が行われていた。背丈の数倍はある高い火柱から火の粉が舞い上がり、それが川面に映る様が絵画や写真に残されている。芸妓を乗せた屋形船が多数繰り出し、大阪や京からも参拝の船が集まる華やかな祭りだったという。

その後、護摩《ごま》を焚く場所は境内に移った。しかし、継承された弁天囃子の音に、この地が花街だった昔を偲ぶことができる。

門前は観光用十石船の船着場。対岸には造り酒屋の蔵が建ち並び、坂本龍馬ら幕末志士が泊った船宿《ふなやど》寺田屋が今も営業を続けている。

伏見弁天祭（国際日本文化研究センター蔵『都年中行事画帖』より） 運河の川幅が広かった頃の弁天祭。芦の大束を燃やす火柱が川面を照らす篝船や、弁天囃子を奏でる囃子船、芸妓を乗せた屋形船が島を巡った。

長建寺山門 長建寺が建つ中書島は宇治川交通の要衝であり、遊郭が設けられたことで繁栄した。今も門前を運河が流れ、観光用十石船が行き交う。

あき

秋

観音菩薩の功徳日

◇縁日

ある決まった日に寺社に参詣して神仏と縁を結ぶと普段に勝る御利益がある、という考え方が早くからあり、そのような日は、「有縁の日」「結縁の日」を略して「縁日」と呼ばれてきた。仏教説話には縁日にちなんだ記述が多く、『今昔物語集』（平安後期）には「今日ハ十八日　観音ノ御縁日也」、『宝物集《ほうぶつしゅう》』（平安末期）には「月の八日は医王のえん日なり」などと書かれている。「医王」は薬師如来の異称である。『古今著聞集《ここんちょもんじゅう》』（鎌倉中期）の、「十五日、十八日ハ阿弥陀観音ノ縁日」なのでこの日には「魚鳥の類」を食べない犬がいた、という話からは縁日の普及が伝わってくる。

これらの日が決められた根拠は不明なものが多いが、近世には、八日・十二日の薬師如来、十五日の阿弥陀如来および妙見《みょうけん》菩薩、十六日の閻魔、十八日の観音菩薩、二十四日の地蔵菩薩、二十五日の天神、二十八日の不動明王、子《ね》の日の大黒天、巳《み》の日の弁才天などがほぼ固定していた。

縁日には香具師《やし》が活躍し、境内に見世物小屋や露店が並んだ。縁日は、庶民にとって娯楽と買物を兼ねた行楽の日だったと想像される。

◇千度参りから千日参りへ

願い事を叶えたいときのお百度参りはよく聞くが、さらに回を重ね千度参ることもあり、「御千度」とか「御千度参り」と呼ばれた。満願の際に納めた幡や額などが残る寺院も多い。本来は、このような努力を積んで祈願を成就する話だったが、いつ頃からか、ある特定の日に参拝すれば、百日分とか千日分の参拝に相当する御利益（功徳）がいただける日が設定された。それが、「功徳日《くどくにち》」で、元旦は百日、二月晦日は九十日のように決められていた。それらの中で特に有名だったのが観音菩薩の功徳日七月十日で、千日に値すると信じられていた。

「千度参り」から「千日参り」へ、人間の身勝手が、少ない努力で最大の効果が期待できる功徳日を考案したと解釈すべきなのだろか、それとも、仏様は寛大なので、人間の都合に合わせて下さったと感謝すべきなのだろうか。ある興福寺の僧は、永禄《えいろく》九年（一五六六）正月の日記に、「千日参《まいり》」などをやってみたが、「皆々無用也」と書いている（『多聞院日記』）。何を願っての参詣だったのだろう。

◇一日で「四万六千日」

「千日参り」は「千日詣」とも呼ばれ、七月十日とする寺院が多く、今も京都の清水寺など観音霊場で行われている。これに対して、日取りは同じながら、一日で四万六千日分の御利益があるという「四万六千日」が言われるようになる。早い記録と思われるのが、貞享《じょうきょう》四年（一六八七）の地誌『江戸鹿子』で、「観音縁日 七月十日 向四万六千日」と書かれている。「向かう」とは、相当するの意。もっとも有名なのは、浅草寺であろう。東大寺では八月九日をその縁日とし、「およく」と呼ばれる法要が営まれる。

観音像の身長は一寸八分

浅草寺の四万六千日

この日は、江戸城大奥でも、火の番所に祀られていた観世音菩薩に女中らが参詣するならわしだった。

◉浅草寺の四万六千日

そのような四万六千日参りの中でも、当時からもっとも人気があり、今も盛んなのが、浅草の浅草寺《せんそうじ》である。

享保二十年（一七三五）の地誌『続江戸砂子』は、「浅草寺四万六千日参《まいり》、（中略）参詣の輩《ともがら》はなはだ多し」と伝えている。

落語『船徳《ふなとく》』は、勘当され船宿に居候していた若旦那が、四万六千日参りの日、にわか船頭を務め、浅草寺に詣でる二人の客を船で浅草河岸まで送る内容だ。本職の船頭では足りないほどの賑わいだったのであろう。浅草

◉四万六千日の賑わい

功徳日には様々な説があり、中には一日で十万七千日に当たるというような巨大な数字をあげるものもあった。しかし、一日で四万六千日に相当するという観音菩薩の功徳日七月十日の人気が、突出していた。

なぜ四万六千日なのか。一升分の米粒が四万六千粒で、これを人間の一生にかけてなどと言われるが、数字に根拠は無いようだ。それにしても、たった一日で、年数に換算すると百二十六年間も毎日参詣したのと同等の功徳とは、誰しも出掛けたくなる魅力的な数字だったので、次第に広まり、観音菩薩を本尊とする江戸各所の寺院で四万六千日は盛況だった。

寺の南、蔵前《くらまえ》筋の玩具・文具の問屋街には安売りの小売市が立ったという。ここからも人出のほどが伺える。

かつて浅草寺の四万六千日には、雷除《かみなりよけ》の呪《まじな》い物として、赤トウモロコシが売られていた。それを三角形の紙袋に入れ竹の串の先につけたものを女性が髪に刺して帰る姿が、江戸の風物詩だったそうだ。今も、竹串に刺した雷除のお守りが配布されている。

ホオズキ市が始まったのは、明和《めいわ》年間（一七六四〜七二）らしい。赤は古来魔除の色、この時期の赤い作物としてホオズキが選ばれたと見られている。この風習は現在も続いており、七月十日とその前日、境内にはホオズキを商う露天が並び、多くの参拝客で賑わっている。

◉浅草寺の本尊像

浅草寺の草創に関する唯一の史料は、室町時代初期の応永《おうえい》年間（一三九四〜一四二八）にまとめられた『武蔵国浅草寺縁起』である。それによると、浅草寺は、推古天皇三十六年（六二八）、檜前《ひのくま》浜成・竹成兄弟が宮戸川（隅田川）で漁をしていたところ、一寸八分の観音菩薩像が網にかかり、それを土地の長《おさ》の土師中知《なかとも》が祀ったのが起源だという。

しかし、浅草寺は、記録に残るだけでも十数回の火災に遭っているので、『江戸名所図会』が、本尊について、「世に伝へいふ、御長《おんたけ》一寸八分と。しかれども古より秘仏にして（中略）その実を知りがたし」と伝えるように、実際のところは全く不明である。

もし縁起が伝えるとおりの像だったとすれば、「一寸八分」というから、像高がわずか五・四センチ、おそらく立像で、おそらく金銅仏（蜜蠟《みつろう》の原型を用いて鋳造した青銅の像で、表面に鍍金）だったであろう。推古天皇三十六年といえば、聖徳太子が他界されてちょうど六年、中央では仏師止利の作風が一世を風靡していた時期なので、法隆寺金堂釈迦三尊の脇侍像を小さく小さくしたような頭部や手足の大きな姿なのではないだろうか。しかし誰も見たことはなく、存否すら実は不明なのだ。

◉礼拝像の意味

初詣に、またこの四万六千日に、さらに日々、多くの参詣人が訪れる浅草寺。あの大きな提灯《ちょうちん》が下がる雷門《かみなりもん》をくぐり、仲見世《なかみせ》を通り抜けた先に建つ立派な本堂で手を合わせる人々は、何に向かって拝んでいるのだろう。内陣の大きな宮殿形厨子の中に安置されているのは、わずか数センチの金色に光る仏像なのだ。

昭和二十年の戦災で焼失した本堂は、四十二年の歳月を掛け、元禄《げんろく》五年（一六九二）、綱吉の時代に完成した十八間四方の建物だった。現在の本堂は、七年の歳月を掛け昭和三十三年に完成した。罹災と再建を繰り返した歴史のどこかの段階で、新しい本尊像、もう少し大きな本尊像を造ろうとは、誰も発想しなかったのだ。そこに日本人の宗教観が感じられる。

浅草寺と同じような歴史を経た信濃善光寺の場合もまったく同じで、難波の堀江から引き上げられたと語られる小さな阿弥陀三尊像を本尊とし、寺地が移動し、本堂の規模が大きくなっても、やはり当初の像を大切に守ってきた。

日本人の多くは、神仏を拝むときに目を閉じる。仏像を彫像として楽しく眺める現代人も、礼拝するときは目を閉じて心の目で仏像と対話しているのではないだろうか。

金龍山浅草寺（『江戸名所図会』より） 境内が広大だったので、南の雷門から順に北へ、見開き５図で寺全体が描かれている。本図はその４図目、右の大きな建物が本堂。

観音菩薩の功徳日

東大寺二月堂のおよく

◉功徳に浴する「およく」

東大寺の四万六千日は「およく」と呼ばれ、十一面観音菩薩を本尊とする二月堂で、月遅れの八月九日に行われている。

「およく」という不思議な名前の所以は、万灯明料を納めるといただける福引き券に「この日に参拝されると四万六千日の功徳に浴するというのでおよくと申します」と印刷されている。皮肉をこめて「欲日参り」と呼ぶことがあるが、本来の「よく」は、欲ではなく浴なのである。

生駒山に夕日が沈む六時、正面の西局（礼堂に当る礼拝空間）で二十数名の信者が待つ中、お坊様四人が冊子を手に入堂された。しかし待てど暮らせど、格子戸の向こうでは、何も始まらない。

お坊様が入られた堂内（外陣）の左右には、沢山の燈明皿が段々に並べられており、明々と燃えている。様々な意匠の青銅の灯籠すべてにも灯りがともされており、大きなろうそくの灯も揺らめいている。それでも堂内は薄暗く、多宝塔が乗った方形の大壇の周辺にお坊様の気配が感じられるばかりだった。

やがて暗さに目が慣れると、お坊様が背をかがめて坐っておられる後ろ姿がかすかに見えたが、時折、鳴らされる五鈷鈴《ごこれい》らしき法具の音と数珠を繰る音が聞こえるのみで、結局、何もわからないまま四十五分が過ぎた。そして般若心経を読み上げて、お坊様は帰られた。

◉静寂が支配する法会

終了後に堂守の方に尋ねてようやくわかったのだが、この間、お坊様方は、今日のために様々なことを願って喜捨をした信者の名前を黙読されていたのだ。お坊様方が入堂の際に手にされていた冊子がその名簿だったのであろう。礼堂で一心不乱に手を合わせる方々の名前もその中に含まれていたに違いない。

僧は、沈黙のうちに信者の願いを本尊十一面観音菩薩像に伝える橋渡しをされたのだ。

同じ二月堂で修される修二会は、本行の二週間、火を使い、水を使い、声と身体を駆使した行が、毎日六回行われる。しかも、正式・略式、序破急の変化に富んだ演出で、同じ行法の日は一日も無いと聞く。この妙が人々を虜にするのだ。

一方の「およく」は、その対極にある地味な法会で、静寂が支配していた。どのような行が行われるのかと堂内をのぞき込み、お水取りに近い何かがそこで繰り広げられることを無意識のうちに期待していたのだが、そこで目にしたのは幻想的な灯明の揺らめきのみで、静かに時が流れて行った。

実際は、参詣人の声や靴音、参拝者が打つ鰐口《わにぐち》の音や投げ込まれる賽銭《さいせん》の音、さらに、福引きにさんざめく人々の会話も加わり、かなり騒々しいのだが、格子戸の手前で一途に手を合わせる信者の姿と、格子戸の奥で結縁者の名前を黙読し、人々の思いを仏に伝える橋渡しをする僧侶の姿に、胸を打たれた。

◉秘仏への祈り

二月堂本尊の十一面観音菩薩像は誰も見たことがない。その存在を疑う声さえある。そのような仏像に敬虔な祈りを捧げる人々の脳裏には、どのような仏の姿があるのだろうか。

これまで様々な仏教行事・法会に接して来たが、二月堂の「およく」は、信仰にとっての仏像の意義を考えさせられた経験であった。

盂蘭盆会

◇起源は中国の孝行説話

日本では、月の満ち欠けと日付が一致し、一日《ついたち》の月は新月で、十五夜の満月は必ず十五日に昇る太陰暦（正しくは太陰太陽暦といい、季節とのずれが少ない）を永く使って来た。しかし明治になると太陽暦を採用したので、季節感がこれまでとほぼ一カ月ずれることになった。

このため新暦（太陽暦）で生活しながら、行事によっては一カ月遅れで行うことが、今も続いている。その最たるものがお盆であろう。正月は世界共通の太陽暦で祝うが、七月十五日を中心とする盆行事は八月に〝月遅れ〟で行う地域が多いのである。

お盆の正式名称は「盂蘭盆会《うらぼんえ》」といい、釈迦の十大弟子のひとり目連《もくれん》（目犍連《もくけんれん》）の母親孝行説話

『地獄草紙』より鉄碓地獄（奈良国立博物館）　心がねじれた人間が堕ちる鉄碓（てつがい）地獄の図。この地獄では、獄卒が回す鉄の臼で挽肉にされる。

がその起源とされている。

亡き母が餓鬼道に墜ちて苦しんでいることを知った目連が釈迦に相談したところ、釈迦は、「夏安《げあん》居《ご》（雨期三ヶ月の修行期間）」の最終日である七月十五日に、多くの僧に「百味五果」を提供すれば、その功徳によって母は救われる、と教えたのだという。

この故事を内容とする『仏説盂蘭盆経』は中国で書かれたとの説が有力だが、七月十五日は道教で収穫に感謝する祭日だったこともあり、盂蘭盆会が催されるようになり、唐代には民間でも盛んだったことが知られている。

◇日本の盂蘭盆会

日本の盂蘭盆会は、『日本書紀』推古天皇十四年（六〇六）の記事に、この年より四月八日と七月十五日に「斎《さい》」、すなわち僧に食事を提供する法会を設けた、と記されていることから、この時に始まったと見られている。

斉明天皇三年（六五七）には、飛鳥寺の西に須弥山《しゅみせん》（仏教世界の最高峰）の像を造って盂蘭盆会を設け、同五年には、飛鳥京の諸寺に『盂蘭盆経』を講じさせて七世父母に報いさせた（『日本書紀』）。天平《てんぴょう》五年（七三三）には、聖武天皇が宮中の食事を司る大膳職《だいぜんしき》に、初めて盂蘭盆会の供物を調達させており、これは一月に亡くなった光明皇后の母のためと推測されている。

この例のように、盂蘭盆会は次第に先祖への追善供養の様相を呈し、中世には施餓鬼会と習合して独自の先祖供養儀礼に変容した。祖霊ばかりか無縁の霊をも供養する盂蘭盆会、いわゆる「お盆」へと変容して行ったのである。

◇平安京の葬送地

三方を山に囲まれた京都の主な葬送地は、東が東山の麓の鳥辺野《とりべの》、北が船岡山の麓の蓮台野《れんだいの》、西が小倉山の麓の化野《あだしの》だった。

鳥辺野は鳥辺山とも呼ばれ、親鸞が眠る大谷《おおたに》本廟や広大な墓地が今も広がり、その入口に六道珍《ちん》皇《のう》寺《じ》がある。

北の船岡山は平安京を造営する際に中軸線朱雀大路の基準となった丘で、その麓に広がる蓮台野の入口に千本閻魔堂（引接寺《いんじょうじ》）がある。

そして西方の嵯峨野、小倉山《おぐらやま》山麓の化野には、境内を埋め尽くす八千体の石仏で有名な念仏寺があり、今も地蔵盆（八月二十三・二十四日）には石仏に灯明が灯され、無縁仏の供養が行われている。

吉田兼好が無常について語る枕に、「あだし野の露消ゆる時なく、鳥部山《とりべやま》の煙立ち去らでのみ…」（『徒然草』）と書いたように、化野・鳥辺野は人の世のはかなさの象徴であると同時に、これらの葬送地は平安京に住む人々にとって極めて身近な場所だった。

風葬・火葬・土葬と葬る形は様々だったが、人の手で野辺送りをしていた時代、死者が眠る場所は生活圏のすぐそばに位置していた。乳幼児の死亡率が高く医療も未発達だった時代には、死が身近だっただけでなく、葬送の地も身近だったのである。

死とも葬送地とも隣り合わせだった時代から続く盂蘭盆会の行事を、六道珍皇寺と千本閻魔堂に尋ね、江戸時代の様相を閻魔詣に見てみよう。

精霊迎えの六道まいり

六道珍皇寺の盆行事

◉五条大橋から鳥辺野へ

京都では、お盆の前に先祖の霊（精霊《しょうりょう》、おしょらいさん）を家へ迎えるために寺院へ参る「精霊迎え」「六道まいり」が盛んだ。その聖地のように見なされているのが珍皇寺である。

洛中から鳥辺野へ亡骸を運ぶ葬列は、五条大橋（現在の五条大橋は秀吉の命により、本来より南に架けられた。その北にある松原橋が、義経・弁慶で有名な本来の五条大橋）で鴨川を渡った。この道は清水寺への参詣路で、五条大橋は平安後期には架橋されていたことが知られており、白河法皇の『梁塵《りょうじん》秘《ひ》抄《しょう》』に石橋として歌われている。

つまり、葬列も、鴨川を渡って洛東へ行く幹線道路を通って鳥辺野へ向かったのだ。この道の鳥辺野入口に、空也が開いた六波羅蜜寺や珍皇寺が建てられた。

この地を軍事的に有利と見た平家は、六波羅蜜寺の南に次々と邸宅を構えることになるが、六波羅と鳥辺野は至近距離だった。地名「六波羅（六原）」は髑髏原の転訛とも言われている。

精霊迎鐘（国際日本文化研究センター蔵『都年中行事画帖』より） 迎鐘は今もこのように白壁の建物内にあり、そこから伸びた綱を引いてならし、御先祖様を迎える。

珍皇寺参詣曼荼羅図（六道珍皇寺） 門を入ると閻魔とその秘書役の司命・司録の像。その先に六地蔵の像。境内が広かった頃の盆の賑わいが描かれている。

◉「六道の辻」の「六道さん」

珍皇寺の正式名称は「六道珍皇寺」、通称は「六道さん」で、門前は「六道の辻」と呼ばれている。六道とは、生前の行いの善し悪しにより死後に行くことになる六種の冥界（地獄道・餓鬼道・畜生道・修羅道・人間道・天道）のことである。鳥辺野入口のこの地は、六道への分岐点と見なされてきたのだ。見方を変えると、〝この世〟と〝あの世〟を結ぶ結節点であり、あの世に通じる場と考えられてきた。

十六世紀の参詣曼荼羅に描かれた珍皇寺は広大で、境内には、六道のそれぞれにあって衆生を救う六体の地蔵菩薩像や行き先の裁定を下す閻魔像などの小屋が並び、六道参りの賑わいが描かれている。

現在の珍皇寺は人家に囲まれ昔の面影は偲べないが、境内右手の小さな閻魔堂に、閻魔像・小野篁像・獄卒の鬼の像、収蔵庫に薬師如来坐像が安置されている。

小野篁《たかむら》は、博識多彩をもって知られる平安初期の公卿で、多くのエピソードが語り継がれている。平安後期成立の『今昔物語集』や『江談抄《ごうだんしょう》』は、宰相（参議）という要職にありながら夜ごと冥途《めいど》（冥界）に通い、閻魔大王の臣下として働いたと伝える。井戸を通って、この世とあの世を自在に行き来したのだといい、今もその井戸が珍皇寺本堂の裏庭に残っている。

六尺二寸、すなわち一八〇センチを超える巨漢だったことまで記録されており（『日本文徳天皇実録』）、閻魔堂に安置されている像も背が高い。

六道珍皇寺聖霊市（国際日本文化研究センター蔵『花洛名勝図会』より） 門前市を成して賑わっている道が「六道の辻」。この道を図の右（東）へ行くと、葬送地鳥辺野が広がる。

◉謎めいた「迎鐘」

普段はひっそりしている珍皇寺だが、お盆の準備に入る八月七日から十日までの四日間は、早朝から夜遅くまで人出が絶えない。

参詣人は、まず水塔婆《みずとうば》と呼ぶ経木《きょうぎ》に故人の戒名を書いて貰い、「迎鐘」に向かう。鐘は白壁の建物内に隠されており、ちょっと謎めいた雰囲気で穴から綱が伸びている。その綱を手前に引いて鐘を鳴らすのだが、二度鐘を鳴らしてから合掌するのが習わしのようだ。鐘の音は、「十万億土」の遙か彼方、あの世まで届き、それを聞いた御先祖様がお盆には裏庭の「黄泉がえりの井」を通ってこの世に帰って来る、と信じられて来た。鐘に並ぶ順番待ちの列は時に門の外にまで及ぶ。

人々は水塔婆を境内の西、赤いよだれかけを掛けた石地蔵の並ぶ賽《さい》の河原に奉納し、鐘の音で迎えた先祖の霊が乗り移るという高野槇の枝を抱えて家路を急ぐ。家では盆提灯《ちょうちん》を掲げ精霊棚を設けて先祖の霊を迎え、送り火までの数日間、供物を捧げて持てなすのである。

宣教師フロイスも見た閻魔像

千本閻魔堂の盆行事

◉「千本」は卒塔婆の数

六道参りは、京の北、船岡山（標高一一二メートル）の山裾に広がる蓮台野入り口の千本閻魔堂（引接寺《いんしょうじ》）でも盛んだ。「蓮台野」とはいかにも葬送の地らしい地名だが、千本閻魔堂の「千本」も多数の卒塔婆に因むといい、閻魔堂前を通る南北の道は「千本通り」と呼ばれている。

船岡山は、平安京を造営する際、南北の中心線の基準となった山である。近在の住人が散歩に登るような小高い丘だが、清少納言が「岡は船岡」（『枕草子』）と愛でたように稜線が美しく、登ると平安京が一望できる。都城の造営当初は眼下に内裏が広がり、その先に、羅城門につながる平安京最大の通りである朱雀大路が伸びていたに違いないのだが、東側の左京に較べ、西側の右京は湿地だったため、平安時代中期には荒廃し始めた。そのせいであろうか、往時の朱雀大路もいつの頃からか千本通りと名が変わった。

千本閻魔堂が立つ場所は、船岡山の麓、内裏の北わずか一キロの距離だった。珍皇寺の東南に広がる鳥辺野も洛中から賀茂川を渡った先だったが、蓮台野も内裏のすぐ北に位置していたのだ。野辺（火葬場・埋葬地）が日常生活の場と隣り合わせの近さだったことに改めて驚かされる。

◉閻魔様に裁かれるのは三十五日目

「千本閻魔堂」は通称で、正式には「引接寺」という。

「引接」とは、「来迎引接」の略、臨終に際し阿弥陀様がこの世へ迎えに来て、あの世、すなわち西方極楽浄土へ連れ帰って下さるという意味である。

さて、閻魔堂の本尊は閻魔像である。全身赤く、大きな冠をかぶり、赤い道服（道教の道士が着るガウンのような服）を着て、左右に、冥界の役人を代表する司命と司録の像を従えている。

閻魔は、インド起源のヤマという名前の死神で、死者の審判官だった。中国に伝わると、土着の冥界信仰と結びついて地獄の王となり、閻魔大王、閻魔王とも呼ばれた。

さらに唐代末から五代（九～十世紀）のころには、中国で書かれた『地蔵菩薩発心因縁十王経』を典拠に、閻魔王を中心に十王が亡者の罪業を裁くと説くようになった。初七日から七日目ごとに七七日（四十九日）まで、さらに百箇日、一周忌、三回忌の計十回、十人の王に裁かれるのである。遺族は、あの世の故人が少しでも楽なようにとの思いから、初七日から三回忌までの計十回に当たる日に追善法要を営むようになった。閻魔王に裁かれるのは五七日の三十五日目である。

閻魔は、死神ヤマの頃から赤い服を着ていたが、中国では、全身赤く、大きな冠をかぶり赤い道服を着た姿に表現された。道服は宋代の裁判官の服制で、日本でも、この姿の閻魔像が普及した。

◉宣教師も見た閻魔像

戦国時代末期に来日し、織田信長・豊臣秀吉の庇護を

閻魔像と司命・司録像（引接寺） 千本閻魔堂の本尊は閻魔像。脇に司命像と司録像が並ぶ。司命・司録は冥界で働く役人の代表で、口を開く司命は検事役、司録は書記役。

受けたポルトガル人宣教師ルイス・フロイスも、千本閻魔堂を訪れ、閻魔像を拝した。その著書『日本史』には、閻魔像について、あの世のどこへ送るかを決める裁判長だが、人間を悪の道に向かわせないために「身の毛もよだつような」怖い顔をしている、と詳しく書いている。

フロイスが見たのは、応仁の乱後の長享《ちょうきょう》二年（一四八八）に仏師定勢によって造り直された閻魔像で、今もその像が本尊である。その左には、両手で書巻を広げそれを読み上げるかのように口を開いた司命像、右には、右手に筆、左手に書巻を取る司録像が置かれている。司命は検事、司録は書記役に当たるのだという。

千本閻魔堂でも、八月七日から十五日に、六道珍皇寺と同様のお精霊迎えが行われ、さらに十五日には、四ツ太鼓、祇園囃子、雀踊りなどからなる千本六斎念仏が奉納される。

千本閻魔堂の門前は商店街だが、その住所は「閻魔前町」。事情を知らないよその人が「京都市上京区閻魔前町○○医院」あるいは「○○薬局」と書かれたのを見たら、ちょっと驚くに違いない。

亡者を裁く地獄の王

藪入の閻魔詣

◉藪入は「閻魔賽日」

御先祖様は七月（新暦では八月）十六日の送り火であの世に戻られる。京都では、大文字など五山の送り火が盆行事の終わりを告げる。

一月と七月の十六日は、「地獄の釜の蓋が開く日」と言われ、使用人にも暇を与える習慣があった。地獄の鬼も罪人を煮る釜の蓋を開けて使わず休む日なので、亡者さえも責め苦から免れ骨休めできる、だからこの世の者にも休暇を与えよう、ということだったようだ。

この日を「藪入」と言い、実際に昭和初期までは、住み込みで働く奉公人にとって藪入の年二日だけが休暇で、この日には繁華街も賑わったと聞く。落語の「藪入」には我が子の帰りを前夜から待つ親の情が語られており、年休二日時代の藪入の風情が伝わってくる。

この藪入の日を「閻魔賽日《さいにち》」、あるいは単に「賽日」

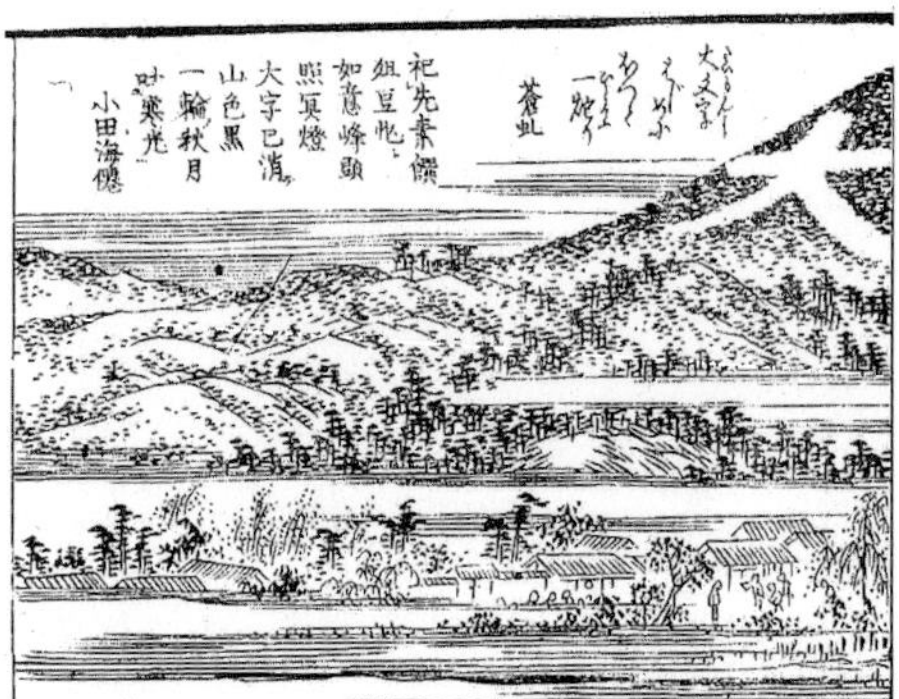

大文字送り火（国際日本文化研究センター蔵『花洛名勝図会』より） 賀茂川河畔で送り火を焚いて先祖の霊を見送る人々。山では大文字焼き。

閻魔像（円応寺）　鎌倉大仏の東から新居閻魔堂を経て、現在地へ移転。運慶作と伝承される名作で、頭部は建長二年（1250）の作。

とも言って、多くの人々が閻魔詣に出掛けた。この日ならば地獄の王である閻魔様も獄卒の鬼も休暇中で怖くないからだったのだろうか。この日を選んで閻魔に詣でた理由はよくわからないが、藪入の閻魔詣は江戸を中心に全国各地で非常に盛んだった。

◉閻魔堂の閻魔像

多くの閻魔堂は普段は閉ざされているが、この日は扉が開かれ、閻魔像や、亡者の衣類を剥ぐ奪衣婆像、獄卒の鬼の像などが開帳された。縁日の市が立ち、参拝者が詰めかけたのである。

閻魔詣で有名なのは、奈良では春日山山麓の白毫寺。鎌倉では由比ヶ浜大鳥居付近にあった新居《あらい》閻魔堂（江戸中期の津波で北鎌倉に移転。現在の円応寺）。江戸では、歴代将軍が鷹狩りの際に休息所とし、山門の色から赤門寺と呼ばれている千住勝専寺、歌舞伎で名高い深川閻魔堂などである。

いずれ劣らぬ怖い顔の閻魔像が鎮座しておられ、大きく開いた口から叱咤の声が聞こえそうである。

昨今は日常生活の景色から仏像が遠のいたので、閻魔像を知らない子供も多いだろう。閻魔さまの顔を知らないと、先生の閻魔帳の威力も迫力に欠けそうだ。不祥事が続く昨今の世情を見ていると、「ウソをついたら閻魔さまに舌を抜かれる」というせりふに重みのあった時代が懐かしい。

地蔵盆

◇「地蔵盆」という名称

古くから地蔵菩薩の縁日は二十四日とされている。毎月この日に地蔵菩薩の功徳をたたえる地蔵講が行われたが、盆月である七月の法会は特別視され、江戸初期には「地蔵祭」と呼ばれていた。また、奈良では「地蔵会」と呼ばれていた。

それが盆月の地蔵祭・地蔵会ということで、近代になり「地蔵盆」と呼ばれることが多くなったという。

十三日の迎え火で家に迎えた御先祖様の霊は、十六日の送り火で見送り、一連の盆行事はひとまず終わるのだが、京都を中心に近畿地方などでは、地蔵盆までを先祖供養の盆の期間と捉えて来た。

高浜虚子が「地蔵会や　線香燃ゆる　草の中」と詠んでいるように、地蔵盆は、屋外を舞台とすることが多い。

◇錫杖を手にする地蔵菩薩

地蔵菩薩は、釈迦がこの世を去ってから弥勒仏が出現するまでの頼るものの無い期間（「無仏世界」）の衆生を救済して下さる有り難い仏である。この不安の時代は、なんと五十六億七千万年も続くのだ。

多くの菩薩の中で地蔵菩薩のみが親しみやすい比丘形（僧侶の姿）をしておられる。錫杖《しゃくじょう》を手にされているのは、六道を隈無く廻って、地獄に堕ちた者も救うためと言われている。

地蔵菩薩像（奈良国立博物館） 多くの菩薩の中で地蔵菩薩のみが親しみやすい比丘形（僧侶の姿）をとる。阿弥陀来迎図の影響で、錫杖を手に雲に乗って出現する姿の像も造られた。

しかし、六道のそれぞれにとどまって衆生を救済してほしいという願望から、六体の地蔵菩薩像を並べた六地蔵を作るようになった。これは日本人が編み出した図像で、古い作例は中尊寺金色堂に見られ、鎌倉時代以降は石仏でも多く作られた。

さらに、京都や江戸では、地蔵盆に六カ所の地蔵菩薩像を巡拝する六地蔵参りも行われた。地蔵菩薩像を背負って、地蔵和讃を唱えながら巡ったのだという。

◇子供の守り本尊

『往生要集』が説く地獄には、実は地蔵菩薩は登場しない。地蔵菩薩は、平安時代末期に日本で編まれた『地蔵十王経』(正しくは『仏説地蔵菩薩発心因縁十王経』)という経典に詳述されており、地蔵菩薩の徳を讃えて歌われる『地蔵和讃』によって信仰が広まり、人々にとって最も身近な仏となっていった。

『地蔵和讃』の内容は、歌われた地域によって様々だが、幼くして死んだ子が、冥土の賽の河原で、「一重積んでは父のため　二重積んでは母のため」と石を積むものの、鬼が来て壊してしまう話は共通している。

この哀れな状況を救済してくれるのが、「今日より後は我をこそ　冥土の親と思うべし」と登場する地蔵菩薩なのである。

このことから、乳幼児死亡率の高かった時代には、子供の守護者として地蔵菩薩を篤く信仰するようになった。地蔵祭・地蔵盆が子供の行事として盛んになった理由はここにあると考えられる。

地蔵盆には、この一年内に生まれた子供の家が地蔵菩薩に献灯する風習が各地に見られる。

京都の地蔵盆

子供が主役　地域の祭

◉昭和初期の地蔵盆

京都を中心に近畿一円では、盆行事のあとに、子供達による地蔵盆が行われる。

風俗史家江馬務《えまつとむ》が昭和三年に京都の行事をまとめた『都年中行事画帖』には、八月二十三・二十四日の地蔵盆の様子が次のように語られている。

「焼けつく如き夏の日もようやく西に沈みて、涼しき風の軒端《のきば》を掠《かす》めてそよふけば、地蔵まつる家々は早や紅《べに》提灯《ちょうちん》に点火し、町内の男女児、夕餉《ゆうげ》も忘れて嬉々として戯る」（仮名遣いなど変更）。

「地蔵尊」の前に「三具足《みつぐそく》」（香炉・華瓶《けびょう》・燭台）を並べ、餅や南京《なんきん》（カボチャ）や芋を供え、「中には僧を招じて百万遍《ひゃくまんべん》の大数珠」を大勢で回す数珠繰りも行われた。「素人浄瑠璃、さては舞踊会など催して」子供ばかりか大人までもこの日を楽しみにしていた、と書かれている。

全く同様のことは、享和《きょうわ》二年（一八〇二）に関西に旅した滝沢馬琴の旅行記『羇旅漫録《きりょまんろく》』にも、「京の町々地蔵祭あり」、「仏像の前に通夜して酒もりあそべり」と紹介されており、飾り付けや供え物のことまで詳しく書かれている。

◉現在の地蔵盆

八十余年経た今も、西陣などの市街地では、これに近い形で地蔵盆が行われ、地域の和睦に一役買っている。京都郊外の新興住宅地で地蔵像が無い地域では、壬生寺などからお地蔵様を借りてきてまで地蔵盆を行うそうだ。

普段は道端の祠《ほこら》に祀られたり、持ち回りで世話役の家に預けられたりしているお地蔵様、地域によっては博物館に保管されているお地蔵様が、この日は、通りに面した町屋の表の間、民家のガレージ、町の会館や公園の一角などに迎えられ、提灯や垂れ幕できれいに飾られる。

地蔵像の材質は石造や木造で、大きさは様々だが、特に石仏では、おしろいや紅で化粧が施される。そして布のよだれかけも新しいものに替えられる。

◉化野念仏寺の「千灯供養」

この時期には、寺院の地蔵菩薩像にも供物が捧げられ、特別な法要が営まれて、遠《おち》近《こち》の人々で賑わうが、西の葬送地である嵯峨野の化野念仏寺《あだしのねんぶつじ》では、二十三日と二十四

化野念仏寺　境内を埋め尽くす石仏の数は八千体。平安時代以来、化野が西の葬送地だった長い歴史を物語っている。

日の夕刻、境内を埋め尽くす八千体の石仏に灯明が灯される。念仏寺は、地上に放置されたままの亡骸を供養するために空海が開き、法然が念仏道場にしたと伝えられている。

造られた年代も大きさも様々な石仏は、明治末年に化野一帯から掘り出され、並べられたものである。それら一体一体へ献灯する「千灯供養」の本来の意味は、無縁仏の供養なのだが、初秋の夕暮れ、境内に入りきれないほどに詰めかけた参詣人は、幾多のろうそくの灯がゆらめく幻想的な光景を目にして、あの世に思いを馳せるのではないだろうか。

地蔵盆（国際日本文化研究センター蔵『年中行事画帖』より）　地蔵菩薩像の前で、子供たちが数珠繰りをしている。その中央には僧の後ろ姿。沢山の提灯が掲げられている。

年に一度　衣替え

伝香寺の地蔵会

◉奈良の地蔵会

鎌倉時代に僧無住がまとめた仏教説話集『沙石集《しゃせきしゅう》』が、「南都には地蔵の霊験あまたおわします」と伝えるように、奈良には、由緒ある地蔵菩薩像が多い。

奈良でも子供が主役の地蔵盆は行われるが、福智院《ふくちいん》や帯解寺《おびとけでら》など、数々の霊験で知られた地蔵菩薩像を本尊とする寺院では、「地蔵会」や「地蔵会式」と呼ばれる法会が僧侶により営まれる。

庶民の念仏道場として栄えた元興寺極楽坊では、本堂の智光《ちこう》曼荼羅（奈良時代の僧智光が夢で感得したという阿弥陀浄土を描いた絵画）の前に地蔵菩薩像を安置して、地蔵会が修される。

着替法要の光景　「はだか地蔵尊」の名で親しまれているこのお地蔵さまが一年間お召しになっていた衣は、細かく切り分けて、「裸地蔵尊御衣の御守」にされる。

元興寺極楽坊には、木造彩色の千体地蔵菩薩像（現在の数は五百九十五体）や千体地蔵菩薩の板絵など、民間の地蔵信仰の遺品が多数伝わっており、千五百体と言われる地蔵菩薩の石像が境内の一画に並べられている。地蔵会では、これらの石仏に、ろうそくではなく、祈願を墨書した手作りの灯明皿に菜種油を注ぎ、藺草《いぐさ》の灯心に点火したものを供える「万燈供養」が行われる。また、信者や著名人から奉納された行灯《あんどん》にも灯りが入れられる。

様々な仏像が彫られた石の龕《がん》を本尊とする十輪院も、信仰の中心は地蔵菩薩なので、本堂の軒先に沢山の提灯《ちょうちん》を下げ、地蔵会が開催される。

◉「着替法要」

その十輪院の北西、近鉄とJR、両奈良駅からほど近い伝香寺は、戦国末期の武将筒井順慶の菩提を弔って建てられた寺で、本尊は薬師如来像だが、鎌倉時代の地蔵菩薩像が伝わっており、地蔵会の際には、その像に珍しい「着替《きせかえ》法要」が行われる（現在は七月二十三日の夕刻）。

ここの地蔵菩薩像は、金色《こんじき》ではなく肌色に彩色《さいしき》された裸の木彫像である。それに布製の着物と袈裟が着せられており、それを年に一度、この時に新品と取り替えるのである。

息がかからないよう覆面瓠《ふくめんこ》（和紙のマスク）を付けた僧が手際よく古い衣を脱がせ、新しい衣を着せて行く。その着替えの途中だけ、胸元に光る金工細工の胸飾《きょうしょく》（ネックレス）が見えるが、菊のような花を三つ連ね唐草や連珠をあしらった洒落たデザインの見事な作である。もとは着衣をもっとゆったりまとい、魅力的な胸元が常に見えていたに違いない。

◉「裸形着装像」

伝香寺像のような一糸まとわぬ全裸の仏像、あるいは下着姿の半裸の仏像に布製の衣を着せることは、平安時代に始まり、鎌倉時代に流行した。

このような像を美術史では「裸形着装像」と呼んでいる。聖徳太子像や日蓮上人像などの肖像彫刻が裸形着装で造られたほか、阿弥陀如来がこの世へ来迎する様子を野外で演じた迎講・来迎会に登場した阿弥陀像も、多く

地蔵菩薩像（伝香寺） 半裸または全裸の地蔵菩薩像に布の衣装を着せる工夫は、平安時代に始まった。

の場合、裸形着装像だった。

また、平安後期の大治《たいじ》五年（一一三〇）、鳥羽天皇の皇后待賢門院《たいけんもんいん》が養父白河法皇の一周忌法要のために仏師院覚に造らせたのも、裸形の地蔵菩薩像だった。待賢門院は、法会の前夜、完成した像を院覚に自宅まで運ばせ、自らの指示で法衣を着せ、心を籠めて翌日の法要に備えた。

着せ替え人形の遊びにも似たこのような行為は女性が好むように思えるが、伝香寺像の発願者三名のうち二名も尼僧だったことが、像内に納められていた願文から知られている。

本像は、その願文の書かれた安貞《あんてい》二年（一二二八）頃の作と見られている。

◉像内に舎利、薬師如来像、十一面観音菩薩像

実はこの像は、春日神社（現在の春日大社）と密接な関係にあった興福寺の塔頭延寿院の像だった。明治初期の混乱期に寺外に出て、伝香寺で大切に祀られているのである。

願文には春日明神に加護を願う文言があり、像内には、釈迦に相当する舎利、小さな薬師如来坐像、十一面観音菩薩立像が納められていた。地蔵菩薩と合わせこれら四尊の仏像は、春日神社の四柱の神の本地仏（神に姿を変える前の本来の姿）を表現している。

伝香寺の境内には幼稚園があり、地蔵会の夜には、子供も交え盆踊りが開催される。

地蔵菩薩像は普段は秘仏だが、この地蔵会と、本堂前の椿（「散椿」とも「武士椿」とも呼ばれる奈良三名椿のひとつ）の開花時期にも開帳される。

ふゆ

達磨忌

芦葉達磨図（玉蔵院） 達磨がインドから中国へ１枚の芦の葉に乗って来たという伝説の姿。達磨は画題として好まれ、多様に描かれた。

◇面壁《めんぺき》九年　禅宗の開祖

達磨《だるま》の命日とされる十月五日には、達磨像を本尊とする寺や、達磨で有名になり「達磨寺」と呼ばれている寺の多くで達磨忌が営まれる。達磨大師の画像や彫像の前で法要を行い、「祖師西《せい》来《らい》」（達磨が西方から中国へ来たこと）の意味を考え、達磨を敬慕するのだ。

達磨は六世紀の中国に実在した人物なのだが、最澄や空海、法然や親鸞のような宗祖とは異なり、釈迦（釈尊《しゃくそん》）に対するような形で信仰されて来た。

日蓮は信徒宛の手紙で、「浄土宗の人々は阿弥陀仏を本尊とし、真言の人々は大日如来を本尊とす、禅宗の人々は経と仏とをば閣《お》きて達磨を本尊とす」と書いている。当時の仏教界を批判した中での発言だが、達磨を禅宗寺院の本尊と認識していたことがわかる。

達磨像は、大師堂《たいしどう》の弘法大師像や御影堂の親鸞上人像などの祖師像とは異なり、仏像として礼拝され本尊にもなった。それゆえ『仏像歳時記』にも取り上げる次第である。

しかし、達磨と聞いてまず思い浮かぶのは赤い張り子のダルマであろう。ダルマが『仏像歳時記』に登場することをいぶかしく思われる方もおられると思うので、まず達磨について説明しよう。

◇謎めいた達磨

達磨は、六世紀初めに中国に来て禅を広めた中国禅宗の始祖であることは確実なのだが、出身地も生没年も正確にはわかっていない。謎めいた人物で、様々なエピソードに包まれている。まず、達磨の死後間もない六世紀中期の記録『洛陽伽藍記《らくようがらんき》』は、次のように伝えている。西域の僧で、名前は菩提《ぼだい》達摩。ペルシアに生まれ、はるかな辺境の地から渡来し、永寧寺《えいねいじ》（北魏の都洛陽にあった大寺）の塔を見て、「百五十歳のこの歳まで諸国を歩いたが、この美しさは他に例が無い」と絶賛、「南無《なむ》（心から帰依します）」と唱えながら連日合掌した、と。

それから百年ほど経た唐の『続高僧伝《ぞくこうそうでん》』には、南インドのバラモン（司祭階級）の出身と書かれている。

達磨の命日を十月五日と伝えるのは、宋代の『景徳伝燈録《けいとくでんとうろく》』である。禅宗の歴史を綴った同書には、達磨が梁《りょう》（中国南朝の国）の武帝《ぶてい》と交わした問答、葦《あし》の葉に乗り揚子江を渡った話、洛陽の東の嵩山《すうざん》少林寺で坐禅三昧《ざんまい》「面壁九年」の日々を過ごした話、葬られた墓から片方の履物を携え姿を消した奇跡など、よく知られたエピソードが収められている。

聖徳太子ゆかりの達磨

達磨寺の達磨像

◉日本人と達磨

日本人が達磨、そして禅宗を知ったのは奈良時代で、それ以降、様々な流れの禅が留学僧や渡来僧により伝えられたが広まらず、本格的には、栄西が臨済宗、道元が曹洞宗を伝えてから、ようやく普及した。

栄西や道元が行ったであろう達磨忌についての記録は無いが、鎌倉時代後期の様子を『瑩山清規《けいざんしんぎ》』で知ることができる。同書は、曹洞宗を中興し能登に総持寺《そうじじ》（明治時代に神奈川県鶴見に移転）を開いた瑩山が、禅宗道場での作法についてまとめたものである。

同書には、達磨忌には、力の及ぶ限りの供物を揃え、導師（多くの僧の首座）が「跪《き》」という両膝を着き上半身を直立する姿勢で柄《え》香炉を持ち、維那《いの》（法会を司る役割の僧）が祖師を讃え、『楞厳呪《りょうごんじゅ》』という祈りの文句を諷誦《ふじゅ》（音読）する、と書かれている。

達磨の彫像や画像は、中国では、唐代から作られた。日本でも、鎌倉時代以降の達磨図が遺っているので、これらの像の前で礼拝供養を行ってきたと想像されている。

◉聖徳太子が出会った達磨

達磨像を本尊とする寺や、達磨で有名になり「達磨寺」と呼ばれている寺の中で最も有名なのは、奈良県王寺《おうじ》の片岡山達磨寺であろう。法隆寺の南西三キロ、大和川《やまとがわ》に近く、奈良から大阪へ向かう交通の要所として古くから開けた片岡は、聖徳太子が餓死寸前の旅人（実は聖）に

達磨大師像（達磨寺）　法被（はっぴ）と呼ばれる布を椅子の背に掛け、威儀を正して坐禅する姿の達磨像。永享二年（1430）の造立。

出会った地として知られてきた。

『日本書紀』（七二〇年完成）は次のように伝えている。

推古天皇二十一年（六一三）十二月一日のこと、太子は道端に臥せる「飢者《うえたるひと》」を見かけ、姓名を聞くが答えないので、飲食を与え、着ていた衣服を脱いで掛け「安らに臥せれ」とおっしゃった。この者は翌日に死去。悲しんだ太子は亡骸《なきがら》を葬らせたが、数日後、あの者は「真人《ひじり》ならむ」と調べさせると、屍《しかばね》はすでに無く、与えた衣服が畳んで棺《ひつぎ》の上に置かれていた。その衣服をこれまで通り召された太子を見て、人々は「聖の聖を知ること、其《そ》れ実《まこと》なるかな」と畏敬した、というのだ。

この話は様々に広まり、飢者は実は達磨だったと語られ、片岡の古墳の一つが達磨の墓と信じられるようになった。

鎌倉初期に興福寺僧の案内でこの地を旅した女性の旅行記（『建久御巡礼記』）には、塚の上に三重塔に似た廟があると書かれている。しかし鎌倉末には、禅宗を敵視した興福寺によって「達磨寺」が襲撃されたことが記録に残っている。その後も幾多の困難があったが、そのつど古墳の上に廟（本堂）が再建されて来た。

◉達磨寺の達磨像

現在は、建治《けんじ》三年（一二七七）作の聖徳太子坐像と、永享《えいきょう》二年（一四三〇）作の達磨坐像が伝えられている。

達磨像は、袈裟を頭まで深く被り、両手を膝前に組んで坐禅する姿で、碧眼の胡僧（青い眼のインド僧）の風貌が、眼光鋭く表現されている。口元に、間が空いて歯が二本見えるのは、達磨を「欠歯の老胡子」（歯欠けの老インド人）に表す常套表現である。

像底には、室町幕府六代将軍足利義教の命で、椿井《つばい》仏所（興福寺所属の仏師工房）の仏師集慶《しゅうけい》が彫り、僧周文《しゅうぶん》が彩色した像である、との造像の経緯が朱漆で書かれている。集慶は、この翌年に「興福寺大仏師しき職」に任命された。周文は、足利義教の御用絵師となった相国寺の僧で、雪舟の師に当たる。

この銘文は、専門の仏師が彫った彫像の仕上げを一流の画僧が担当した事実を伝えていて、興味深い。

◉赤いダルマの由来

最後に赤い張り子のダルマの由来について一言。発祥の地は群馬県高崎の少林山達磨寺なのだという。少林山達磨寺は、水戸光圀（黄門様）が帰依していた中国僧心越禅師が開いた寺で、心越禅師が書いた一筆書きの達磨像を、天明《てんめい》三年（一七八三）に九代目住職東嶽和尚が木型に作り、当時続いていた天変地異の邪気を祓う呪物として農民達に伝授したのが始まりなのだという。

お十夜

◇お十夜の由来

季節感の希薄な都会でも、寺の掲示板に貼られた「お十夜《じゅうや》」のポスターを目にすると、秋の深まりを感じるのではないだろうか。

お十夜は、阿弥陀仏に対し念仏を唱え続ける「十夜法要」「十夜念仏」の通称で、浄土宗を中心に全国各地の寺や集会所で十月（月遅れでは十一月）に行われる。

十月五日の夕刻に開白《かいびゃく》（初日）、十五日夜半に結願《けちがん》（最終日）という日程が基本で、陰暦では結願日がちょうど満月となる。文字通り十日《じゅうにち》十夜、準備や練習まで含めればさらに長期にわたって檀家や近在の人々が集い、秋の夜長の楽しみだったと聞く。

大寺院だけでなく町や村の小さな阿弥陀堂からも夜更けまで鉦《かね》の音や念仏の声が流れていた様子が、「油燈《ゆあかり》の　人にしたしき　十夜哉」（蕪村）、「野の道や　十夜戻りの　小提灯」（子規）などの俳句からも伺えるが、近年は簡略化され、一日あるいは三日限りが多くなっている。

十日十夜にわたり法要を営む根拠は、浄土三部経のひとつ『無量寿経』に、悪の多いこの世で十日十夜善を修することは仏の国の千年の善行に勝る、と書かれていることに基づいている。しかし、この文言の直前には、心を正し戒を守る一日一夜は無量寿国《むりょうじゅこく》（阿弥陀の浄土）での百年の善行に勝る、とも書かれているので、これを信じれば一日限りの法要でも足りることになるのだが、何はともあれ近年までは十日間の法要が広く行われてきた。

◇十日十夜の念仏勤行

その起源は、通説では、伊勢貞国《いせのさだくに》が京都の真如堂《しんにょどう》に籠ったことだという。

伊勢氏は、室町幕府の政所《まんどころ》の執事（財政・訴訟を司る役所の長官）を代々務めた家柄だが、貞国は次男だったので出家しようと真如堂に参籠した。その三日目の明け方、夢枕に現れた僧に

真如堂境内　藤原道長の姉が自らの離宮を寺にしたのが真如堂の草創で、その真如堂に室町時代に一人の武将が籠もったことからお十夜が始まった。そして、鎌倉の光明寺から全国の浄土宗寺院へ広まった。

出家を三日待つように告げられ、家に帰る。すると、執事の兄が時あたかも謹慎処分になっており、兄に代わって家督を相続することができ、家の断絶を免れた。そこで貞国は、阿弥陀仏への報恩のため真如堂に戻り、さらに七日七夜、つまり計十日十夜念仏勤行したというのである。

貞国が執事職に就いたのは永享《えいきょう》三年（一四三一）なので、この伝承はその時のことということになる。真如堂は、その後、応仁の乱で本尊を比叡山や大津に疎開し、旧地に新しい本堂が落慶したのは明応《めいおう》二年（一四九三）だった。

その二年後の十月、後土御門《ごつちみかど》天皇から篤く信任されていた鎌倉光明寺《こうみょうじ》の僧祐崇《ゆうそう》が宮中で、真如堂の僧とともに阿弥陀経会を行ったことが知られている。

それは、歌うように唱える引声《いんぜい》で経を読み念仏を唱える特別な法会で、これを契機に十夜法要は、関東を代表する浄土宗寺院の光明寺に勅許され、以後、全国の浄土宗寺院に広まって行った。

◇収穫に感謝　祖先を供養

十夜法要は、法然の弟子証空《しょうくう》を祖とする浄土宗西山派《せいざんは》、滋賀県大津の西教寺《さいきょうじ》を本山とする天台真《しん》盛宗《せいしゅう》などの寺院の中にも行うところがあり、一昔前には本当に盛んだった。

十夜法要が広く行われ、お十夜の名で親しまれるようになった理由は、稲刈りの終わったこの時期の民間行事「亥子《いのこ》」（十月最初の亥の日、関西が中心）や「十日夜《とおかんや》」（十月十日、関東・中部地方が中心）と深く結び付いて、収穫感謝祭の性格が強まったためと考えられている。さらに、豊作をもたらしてくれた先祖への供養も加わり、多くの参詣者を集めたようだ。

円仁ゆかりの阿弥陀像の前で

真如堂のお十夜

◉正式名は真正極楽寺

真如堂《しんにょどう》は、三高《さんこう》（京都大学）の寮歌に歌われた吉田山（標高一二五メートル）東の寺である。もとの寺名「真正極《しんしょうごく》楽寺《らくじ》」は、「正真正銘、極楽の寺」という大変ありがたい命名で、今も正式名称は真正極楽寺なのだが、本堂の呼び名「真如堂」で広く知られている。

東山の山裾を流れる白川に沿ったこの辺りには、平安時代に藤原氏の別業《べつぎょう》（別荘）が点在し、やがてそれらのいくつかが寺院となった。真正極楽寺もそのような一例で、藤原道長の姉詮子《せんし》（東三条院）が自らの離宮を寺としたのが始まりである。詮子は、円融天皇の女御《にょうご》となり、やがて一条天皇の母として「国母」と呼ばれ、藤原氏の絶頂期に弟道長とともに政治の中枢で活躍した女性だ。

寺の草創について、室町時代の『真如堂縁起』は次のように伝える。すなわち、比叡山の常行堂に伝来した「慈覚大師の真作」阿弥陀如来像を、永観《えいかん》二年（九八四）春に比叡山の僧戒算が山から下ろし、「白河女院（詮子のこと）」の「離宮の境内」へ「遷座」したのだと。

◉円仁ゆかりの阿弥陀像と引声

「慈覚大師」とは、唐で十年近く学び比叡山興隆の基礎を築いた平安初期の僧円仁《えんにん》のことである。世界的に有名な旅行記『入唐求法巡礼行記《にっとうぐほうじゅんれいこうき》』の著者でもある。

『真如堂縁起』が語るように、その円仁の真作像を真如堂に迎えたとすると、九世紀中期の像ということになる。しかし、現在の真如堂本尊の阿弥陀如来立像は、真如堂が創建された正暦《しょうりゃく》三年（九九二）頃の作風を見せている。従って、この像は、真如堂草創時に、比叡山で信仰されていた円仁「真作」像の由緒を継いで造像された像と見られる。

仏師は、定朝《じょうちょう》の師で父とも言われる康尚《こうじょう》の可能性が高い。康尚は道長発願の造仏を、あたかもお抱え仏師のように一手に引き受けていた当代一流の仏師である。姉の詮子も、自らの離宮を寺にするに当たり、本尊像の制作をこの康尚に依頼したのではないだろうか。

真如堂にはもうひとつ円仁にちなむものが伝わっている。それは、円仁が中国仏教の霊地五台山から比叡山に伝えた「引声《いんぜい》阿弥陀経」と「引声念仏」である。引声は仏教声楽「声明《しょうみょう》」の一種で、阿弥陀経や、阿弥陀の名号《みょうごう》「南無阿弥陀仏」をゆるやかに歌うように読み上げる。

平安時代の皇族・貴族が発願した寺院は、道長の法成《ほうじょう》寺《じ》や白河天皇の法勝寺《ほっしょうじ》のように、どんなに豪華でも栄枯盛衰の中で忘れ去られて行った。しかし真如堂は、応仁の乱をはじめ歴史に翻弄され続け、途中で寺地を七回も移転したにもかかわらず、その都度復興されて今日に到り、創建当初の本尊像を今に伝えている。これはひとえに、慈覚大師円仁「真作」の阿弥陀像、と伝承された結果に違いない。

円仁ゆかりの阿弥陀像と引声は、法然・証空・北条泰時・日野富子・足利義政ら多くの貴顕、さらに多くの庶民の信仰を集め、千年を超えて大切に守られてきた。

●真如堂のお十夜

お十夜《じゅうや》（十夜法要）は室町時代の武将伊勢貞国が真如堂に籠もったことを起源とする、と言い伝えられてきたが、この伝承に確証は無いので、その時期を貞国が執事職に就いた永享《えいきょう》三年（一四三一）と確定的に考えることは難しい。しかし、真如堂の僧が参加した明応《めいおう》四年（一四九五）の阿弥陀経会《え》を機に、鎌倉の光明寺《こうみょうじ》でお十夜が始まり、引声も一緒に光明寺に伝わったことは確かなので、真如堂がお十夜発祥の寺であることは間違いない。

真如堂のお十夜の主役は、江戸時代から続く鉦講《かねこう》である。本堂の外陣《げじん》、本尊の正面に舞台を設け、裃を着けた講員八名が横一列に坐る。念仏を唱えながら打つ鉦の直径は三〇センチ余り。

　あるときは独奏、あるときは合奏、あるときは掛け合いと、八名の演奏は変幻自在。打つ位置や打ち方でも音色が変わり、「笹づけ」「地念仏」「仏《ほとけ》がけ」など十七通

真如堂本堂内陣　円仁ゆかりの阿弥陀像の厨子は、お十夜法要中は開扉され、結願日には間近で阿弥陀像を拝することができる。

鉦講　8名が左右の鉦座に上がり、鉦架に吊るした一尺二寸の鉦鼓（しょうこ）を撞木で打ち鳴らし、念仏をとなえる。古くは僧侶が打っていたというが、18世紀の末には鉦講が打っていた記録が残っている。

真如堂本堂　真如堂は、京都でも有名な紅葉の名所で、お十夜の頃には境内が赤く染まる。遠くに見えるのは文化十四年（1817）再建の三重塔。

りの名前が付けられている。

八丁の鉦はそれぞれ微妙に音程が異なるので、教会のカリヨン（組み鐘）のように余韻が響き合う。緩急自在、まるでジャズのセッションのような変化に富んだ鉦の音は、聴いていて飽きることがない。

もっと楽しんでいたいと思うのだが、残念ながら、かつてのように夜更けまで続くことは無く存外早くに終わってしまう。これは、講中の数が減ってしまったためらしい。

数年前、十一月十五日の結願《けちがん》までの数日を寺の内外で過ごしたのだが、鉦の音は、寺の東、鹿ヶ谷《ししがたに》を越え大文字山の麓の法然院でも聞こえた。西は吉田山まで届いていた。周囲が茶畑だったという頃にはさらに遠方でも聞こえたという。お十夜の十日間、夕暮れとともに届く鉦の音は、一年の農作業が一段落し冬籠りに入る感慨を人々に抱かせたことであろう。

結願日には、本尊の厨子の近くから阿弥陀像を拝観することができる。午後には僧侶と稚児のきらびやかなお練りがあり、出店が並ぶ。

この日に供される小豆の入った「十夜粥」は、本尊に供えた小豆飯のお下りを粥にしたのが始まりらしい。こんな所に、お十夜の持つ収穫祭的な性格が垣間《かいま》見える。

港の寺から全国へ

光明寺のお十夜

◉光明寺の歴史

お十夜《じゅうや》（十夜法要）は、浄土宗の大本山の一つ、鎌倉の光明寺《こうみょうじ》から全国の浄土宗寺院へ広がっていった。

源頼朝が源氏の守護神として造営した鶴岡《つるがおか》八幡宮へ向かう参道「若宮大路」は、由比ヶ浜《ゆいがはま》から続いているが、光明寺は、由比ヶ浜の東に広がる材木座海岸に位置している。材木座海岸という地名は鎌倉七座の一つ材木座に由来しており、現在も干潮時には石積みが現れる日本最古の港湾施設「和賀江島《わかえじま》」が近い。つまり光明寺は、材木商が建ち並ぶ港町の寺だったのである。

鎌倉には唐船も来港していた。威容を誇った光明寺の山門や本堂は、港に出入りする船からも見えたに違いない。鎌倉の寺院では最大の山門に登ると、今も相模湾の向こうに富士山が望める。

寺伝が伝える開山は法然から数えて三代目の良忠《りょうちゅう》だが、草創期の事情はよくわかっていない。しかし第九世の祐崇《ゆうそう》が後土御門《ごつちみかど》天皇から篤《あつ》く信任され、明応《めいおう》四年（一四九五）三月、宮中に招かれ『阿弥陀経』を講説した。

これを機に勅願寺となる綸旨《りんじ》と紫衣《しえ》を賜り、さらに十月に宮中清涼殿において、真如堂の僧とともに引声阿弥陀経・引声念仏による法要を厳修。翌年から勅許《ちょっきょ》によって光明寺でも十夜法要を永く修することになった。

後土御門天皇は、即位して間もなく応仁の乱に翻弄された悲劇の天皇で、政務も朝儀もままならず仮宮《かりみや》を転々とし、地に落ちた皇室の権威復活のため節会《せちえ》などの儀式を再興した。十夜法要勅許のことも、「好学の天皇」が、円仁によって唐から比叡山、さらに真如堂に伝えられた引声の伝統を、関東の寺院にも広げようと考えた結果と思われる。

浄土宗を重んじた徳川家康は、江戸の増上寺とともに鎌倉の光明寺を優遇した。その結果、光明寺は、関東における浄土宗発展の拠点となり、特に僧のための学問所である「檀林《だんりん》」として栄えた。それに連れて十夜法要は全国に広がっていったのである。

◉櫓で双盤念仏、本堂で行道

ではお十夜の様子を見てみよう。現在は十日十夜を簡略化し、十月十二日から十五日に行われている。本来は昼夜にわたって六回修される「六時の勤行」も、「晨朝《じんじょう》」「日中《にっちゅう》」「初夜《しょや》」のみとなっている。

まず十二日は、法会の開始を表明する「開白《かいびゃく》法要」があり、夜に「初夜」が営まれる。十三日と十四日は「晨朝」「日中」「初夜」と三回の勤行があり、その間に先祖供養の施餓鬼会《せがきえ》が行われる。

さらに五百メートルほど離れた九品寺《くほんじ》から僧侶や楽人・稚児のお練りがあり、本堂に到着すると、阿弥陀経を唱えながら本尊阿弥陀如来像の周囲を巡る行道が行われ、雅楽の演奏、稚児の演舞が奉納される。

山門に組まれた櫓《やぐら》では神奈川県内のいくつかの鉦講《かねこう》による「双盤《そうばん》念仏」が終日行われる。鉦四名のほかに太鼓一名が加わるのが特徴で、真如堂よりテンポが速く威勢が良い。

「結願《けちがん》法要」は十五日の早朝。連日、参道には植木市が立ち、夜店が出て、大勢の参拝客で賑わう。

鎌倉に住んだ俳人高浜虚子は「はきものを　違えて戻る　十夜かな」の句を残しているが、行道法要の際には、四百名収容という本堂が人々であふれかえる。

なお、光明寺には、當麻寺の当麻曼荼羅誕生にまつわる説話と横佩《よこはぎ》大臣の娘（のちに中将姫と伝承）の往生を描いた国宝『当麻曼荼羅縁起絵巻』が伝わっている。季節には、境内の池に大賀博士ゆかりの古代蓮が咲く。

阿弥陀三尊像（光明寺） 十夜法要はこの像の前で勤修される。中尊は寺伝が開祖良忠の発願と伝える像で、鎌倉時代中期の作。両脇侍像はそれよりやや遅い時期の作。関東大震災までは阿弥陀堂に安置されていた。

十夜法要の光景 法要が営まれる本堂は、元禄十一年（1698）建立。「水冠（すいかん）」という帽子をかぶり豪華な袈裟を付けた僧侶と鉦講の講中が、僧俗一体となって念仏をとなえる。

冬の行事

◇お会式

「会式」を辞書で引くと、法会の儀式とか、寺院の仏事と説明されている。つまり、一般名詞なのだが、これに「お」が付いたお会式は、日蓮の祥月《しょうつき》命日に行われる法会と理解されている。

奈良時代の「法相宗」とか「華厳宗」「律宗」など南都六宗は、仏教の学派なので、一人でいくつも修める兼学が行われた。しかし、その後は、各宗派がそれぞれ自分の派の独自性を強調し、ほかの派と対立することも多かったので、各宗派がそれぞれの宗祖を崇《あが》め、礼拝するようになった。その結果、宗祖や、その寺院の開祖の恩に報いるための法会が、宗祖・開祖の忌日に盛んに行われた。それらは「報恩講」と呼ぶことが多いが、日蓮宗の場合は、それを「お会式」「お命講《めいこう》」などと呼ぶ。

日蓮上人は弘安五年（一二八二）十月十三日に亡くなったので、入滅の地の池上本門寺（東京）や日蓮宗総本山の身延山《みのぶさん》久遠寺《くおんじ》（山梨県）をはじめ、主だった口蓮宗の寺院では、逮夜《たいや》に当たる十月十二日と十三日にお会式の法要が行われる。

「雑司が谷鬼子母神」の名で親しまれている法明寺でも、十月十三日に「宗祖お会式」を行うが、地域の祭りとして盛大に開催されるのは「鬼子母神お会式」で、十月十六日から十八日に開催される。

◇日蓮の鬼子母神信仰

日蓮は、『法華経』（正しくは『妙法蓮華経』）こそ至高の経典と考えたが、『法華経』には、十羅刹女《じゅうらせつにょ》が鬼子母神らとともに法華経信者を擁護することが書かれている。羅刹とは、人肉を食う悪鬼だが、仏教に帰依してからは善神となったという。女性の羅刹を羅刹女といい、『法華経』「陀羅尼品《だらにぼん》」には、十人の羅刹女の名前が列挙されている。

日蓮は、十羅刹女を法華経信仰の守護神として信仰するとともに、鬼子母神を十羅刹女の母と位置付けたので、日蓮宗では、鬼子母神を、単に子供を守る神としてではなく、法華経信者を外護する神として崇めるようになった。特に近世には、日蓮宗の修法において鬼子母神を守護神として崇敬したので、鬼子母神像を本尊とする鬼子母神堂が各地に建てられ、信仰を集めた。江戸三大鬼子母神と言われた、雑司が谷鬼子母神（法明寺）・入谷《いりや》鬼子母神（真源寺）・中山法華経寺はその代表例である。

◇「子の月」の「子の日」

冬の行事として、もうひとつ、大黒天にまつわる「子祭《ねまつり》」を取り上げる。子祭は、今は行われていないが、電気が普及するまでは盛んだったようで、俳句や江戸文学には、よく登場する。

十一月は、十二支で「子《ね》の月」と呼ばれる。子祭りは、その「子の月」の最初の「子の日」、つまり「初《はつ》子《ね》の日」の行事で、大黒天像に玄米や黒豆、二股大根、酒と肴《さかな》などを供えたという。この日に売られる灯心（行灯・ランプなどの心）は、特別に「子《ね》灯心」と呼ばれ、これを買うと大黒天に願をかけることになり、これを使うとその家は繁栄すると信じられていた。子祭・子灯心は、冬の風物詩だったのである。

雑司が谷　冬の風物詩

鬼子母神お会式

◉法明寺の草創

東京で鬼子母神《きしもじん》というと、「恐れ入りやの鬼子母神」という洒落言葉と朝顔市で有名な、台東区入谷《いりや》の真源寺がまず思い出されるかも知れないが、雑司ヶ谷《ぞうしがや》法明寺の鬼子母神も、江戸時代には負けず劣らず人気が高かった。

参道周辺に茶屋が軒を並べ賑わっていた様子が、『江戸名所図会』や広重の浮世絵に描かれている。

江戸の絵入り地誌で最古、寛文《かんぶん》二年（一六六二）刊の『江戸名所記』の「法明寺」は、「鬼子母神は、これ十羅刹の母として、法華経守護の神なり、これも名作の木像なり、そのかみ傍《かたわら》の村にありしを日照房といへる沙門、天正六年此寺にうつして安置せらる」と伝えている。天正六年は一五七八年。別の史料は、これより十数年早い永禄《えいろく》四年（一五六一）に近くの「清戸《せいど》」の畑から発見された鬼子母神像を運んで来たのが寺の始まりと伝えている。

◉鬼神形鬼子母神と女神形鬼子母神

鬼子母神堂の建立は寛文四年（一六六四）で、現在もその建物が残っているのだが、御本尊は秘仏なので、そのお姿を拝することはできない。

鬼子母神についてはすでに述べたので（108頁）、割愛するが、幼児を捕えて食う悪い鬼だったもとの姿で表現する場合と、改心して子供を庇護する善神になってからの女神の姿で表現する場合がある。

境内には、恐ろしい顔をした鬼神形《きしんぎょう》鬼子母神の石像が立っている。堂内には、天正《てんしょう》二年（一五七四）から近代まで九体の鬼子母神像が納められているが、いずれも一〇〜三〇センチという大きさなので、奉納された像と思われる。そのうち五体は鬼神形、残る四体は子供を抱いた女神形である。

鬼子母神像（法明寺）　関西では鬼神形でも子供を抱く像が多いが、関東では合掌する像が多い。

◉お会式の様子

先に述べたように入谷鬼子母神の真源寺も、この法明寺も日蓮宗の寺院である。日蓮上人は弘安《こうあん》五年（一二八二）十月十三日に亡くなったのだが、臨終の時に、時ならぬ桜が咲いたという故事を表すために、逮夜《たいや》に当たる十月十二日、日蓮宗の主要寺院では、満開の桜に見立てた行灯《あんどん》を掲げて行進する「万燈《まんとう》練供養」が行われる。

絵馬（法明寺）　文久三年（1863）奉納の絵馬。ザクロの実の部分は寛永通宝で表現されている（109頁参照）。

法明寺では、鬼子母神お会式の十月十六日から十八日にこの万燈練供養があり、法明寺の山号「威光山」と墨書された高張り提灯を先頭に、約四十基の万燈が練り歩く。纏《まとい》が振られ、太鼓や団扇《うちわ》太鼓が鳴らされ、普段は子供たちの遊び場となっている境内から池袋駅東口の繁華街までが熱気に包まれる。

「子の月」の「子の日」に

大黒天の子祭

◉インドの大黒天

　恵比寿さまと大黒さま、ふくよかな笑顔が二つ並ぶ扇面や額を寿司屋などで見かけるだろう。これは、西宮の夷と比叡山の大黒が摂津の男のもとを訪れ、男に数々の宝をもたらす狂言「夷《えびす》大黒」のように、恵比寿と大黒に千客万来・商売繁盛を祈って飾っているのである。

　恵比寿と大黒は宝船に乗る七福神の主要メンバーだが、それぞれ単独でも信仰されて来た。

　ともに日本の神のように思っておられる方も多いと思うが、釣竿と鯛を手にした恵比寿さまが日本の神なのに対して、大黒さまはインド由来の仏教尊像である。

　その正式名は「大黒天」。インド在来の戦闘神マハーカーラ（マハーは大いなる、カーラは黒）を仏教が護法神として取り入れた天部の一人なのである。ヒンドゥー教のシバ神の化身と説かれ、悪魔調伏の神だった。胎蔵界曼荼羅には、三面六臂《さんめんろっぴ》で正面三目、つまり顔が三面あり、中央の顔には目が三つ、身体は青黒色で、髪を逆立てた忿怒形《ふんぬぎょう》という異形で描かれている。

　インドでは、これと全く異なる大黒天も信仰されていた。インド各地を二十数年かけ巡歴した唐代の僧義浄《ぎじょう》の旅行記『南海寄帰内法伝《なんかいききないほうでん》』によると、西方の諸大寺の厨房に必ず祀られていたのは、二尺か三尺の木彫の大黒天像で、甲冑を着け金嚢《きんのう》（金銭を入れる袋）を持ち、片足を下げて腰掛けに坐す姿の像だった。顔は忿怒形、たえず油で拭われるので、体は黒色。飲食を供え焼香すれば

大黒天曼荼羅（大阪新美術館建設準備室）「鼠大黒」と通称されている白隠の墨画で、「壽」と書かれた軸の前に鎮座する大黒天に、墨染の衣を着た２匹のネズミが仕え、多くのネズミが音曲と舞を披露している。

願望が叶い食物を授かると信じられていたという。常は百人分の食事を用意しているクシナガラ（釈迦の入滅《にゅうめつ》地）の寺へ五百人が押し寄せた時、困った寺男《てらおとこ》の老母が大黒天に祈ると、食物が増え、全員が満足に食べられたエピソードも、義浄は伝えている。

◉日本の大黒天

日本へ最初に大黒天を伝えたのは最澄だと言われている。

最澄は、比叡山の政所大炊屋《おおたきや》に大黒天像を安置したのだが、記録によると、その姿は、正面に大黒天、右面に毘沙門天、左面に弁才天と三つの顔を合わせ持つ三面の大黒天だった。三面の大黒は仏・法・僧の三宝を守護すると言われ、比叡山から全国へ広まって行った。

三面大黒天の古い作例は残っていないが、太宰府の観世音寺には平安時代後期の一面二臂の大黒天像が伝わっている。インドの戦闘神マハーカーラに近い忿怒形をした武装姿の立像で、この像が日本最古の大黒天像と思われる。同様の作例としては、鎌倉時代の興福寺の大黒天像などが知られている。

また、義浄がインド西方の厨房で見たような、甲冑を着け金嚢を持ち、片足を下げて腰掛けに坐す姿の大黒天も日本に伝来していた。そのような姿の像が滋賀県の明寿院などに残っている。

これらの大黒天は、いずれも眉をつり上げ怒りの表情を見せている。このような古式の大黒天像に対して、鎌倉後期になると、笑みを浮かべた福々しい顔の大黒天像が造られるようになり、江戸時代には、大黒さまと言えば満面の笑みをたたえた破顔が主流となっていく。

◉大国主神と合体

では、打出の小槌を持ち、大きな袋を肩に担いで米俵に乗る姿の大黒天は、どのような経緯で生まれたのであろうか。

大黒天と大国主神《おおくにぬしのかみ》（中世以降は大国主命《おおくにぬしのみこと》）は、「ダイコク」の音が通じることと姿が似ていることから、次第に同一視されていった。室町時代には、大黒天を福徳・財宝の神として信仰することが一般化したと見られている。さらに、大国主神がネズミに助けられた話（『古事記』）から、ネズミを大黒天の使いとみなすようになる。

その結果、十二支で「子の月」と呼ばれる十一月の最初の「子の日」に、大黒天を祀る「子祭」が盛んに行われるようになった。

さらに、縁起の良いこの日に、「子灯心《ねとうしん》」と言って一年分の灯心を買った。これを買うと大黒天に願を掛けることになり、その家が富み栄えると言われ、特に子の月の甲子《きのえね》の日が重んじられたという。

室町後期の公家で当代一流の文化人でもあった三条西実隆は、日記『実隆公記』の大永《たいえい》四年（一五二四）十一月三日の条に、「今夜、子祭、例の如し」（原文は漢文）と書いている。余りに簡潔な一文で、どのような行事だったのかは不明ながら、この頃には一般に普及していたことが、これでわかる。

小林一茶は「子祭や寝て待てばぼたもちが来る」と詠んでいる。そのような習慣もあったのだろう。

六十日ごとの甲子の日（陰《おん》陽道《みょうどう》で吉日）の夜に行われる「甲子祭」や「大黒講」、深夜、子の刻まで集う「甲子待《まち》」も盛んだった。

◉庶民の大黒天信仰

　室町時代から江戸時代にかけて盛んだった門付《かどづ》け芸の一つに大黒舞がある。正月に大黒天の姿をまねて面と頭巾を付け、打出の小槌を持って門ごとに立ち、祝いの詞を唱いながら舞うもので、大黒舞によって、大黒天は庶民に親しい存在となった。

　僧侶の妻を大黒、家の中心柱を大黒柱と呼ぶなど、「大黒」に因んだ言葉は多い。インドの戦闘神・厨房神だった大黒天は、寺の庫裡《くり》や食堂《じきどう》を離れ、家の神・田の神として日本の家々に迎えられた。人々は、二股大根や小豆飯を供え、商売繁盛・子孫繁栄・五穀豊穣を願ったのである。

大黒天立像（観世音寺）　平安後期の作で、インドの戦闘神マハーカーラに近い忿怒形。後世は笑みを浮かべた福々しい顔の像に変化する。

　江戸時代には、木彫像や陶製像、画像が各地の市で売られていた。それらをうまく盗んで持ち帰れば幸運が得られるなどの俗信があり、川柳に「大黒は盗んで罰にならぬもの」と詠まれている。

　頭巾に長靴、大きな袋、色こそ全く異なるが、大黒の姿はどこかサンタクロースに似ている。袋には何が入っているのだろう。画像では、円形の袋に弁才天などの像を描いた例があるが、俵に乗った一般的な大黒さまの袋の中を一度覗いてみたいものである。

成道会と仏名会

◇十二月八日

十二月八日は、出家した釈迦が悟りを開いて仏陀《ブッダ》となられた日と考えられている。この日に、宗

出山釈迦像（奈良国立博物館） 6年におよんだ山林での苦行を絶って山を出てくる釈迦の姿。画像が多く、彫像は珍しい。

派を問わず多くの寺院が成道会《じょうどうえ》を行う。

「成道」とは「成仏得道《じょうぶつとくどう》」、すなわち悟りの境地に達し仏陀（覚者《かくしゃ》＝真実に目覚めた人）となることをいう。十二月八日は王族の子として生まれた人間釈迦（シッダールタ太子）が釈迦仏となった記念日、いわば仏教誕生の日なのである。

禅宗寺院では、この日に向けて特別の坐禅期間「臘八摂心《ろうはつせっしん》」に入る。

「臘八」とは、十二月の異称「臘月（狩猟の獲物を捧げる臘祭が行われる月）」の八日をさす。「摂心」は、心を摂《おさ》めて散らさないこと。つまり精神の集中を意味し、そこから一定期間ひたすら坐禅することを指すようになった。「接心」「切心」とも書かれる。

◇釈迦の成道を追体験

若くして世の無常を感じた釈迦は、二十九歳で王宮を後に出家する。そして仙人や修行者のもとを訪れ悟りの道を探るが、満足を得られない。そこでガンジス河の支流ナイランジャナ河（尼連禅河《にれんぜんが》）に近い山林で断食を主体とする苦行に入った。しかし、六年間続けたその生活も悟りに至る正しい道では無いこと、つまり苦行では成道できないことに思い至り、山林を出る。

河で身を清め、村娘スジャータの捧げる牛乳粥を食べて体力を回復した釈迦は、一本の樹木の下に結跏趺坐《けっかふざ》し瞑想に入る。そして煩悩（魔性）に打ち勝ち、ついに解脱に到る。それは、何ものにも束縛されない自由の境地だった。この出来事を「降魔《ごうま》成道」と言い、いくつかの経典は、それを十二月八日の暁《あかつき》の明星が輝いた時と伝えている。

この重大事の舞台はボドガヤー（仏陀伽耶《ブッダガヤ》）と呼ばれ、四大聖地の一つとなった。また、釈迦がその下で坐禅を組んだ木は、悟りの境地である「菩提《ぼだい》」に達した特別な木として「菩提樹」と呼ばれ、釈迦が坐った金剛宝座とともに信仰の対象となった。現在も礼拝者が跡を絶たない。

成道に関しては、様々なエピソードを多くの経典が伝えている。痩せこけ骸骨のような苦行中の姿、坐禅中、右手の指先を地に触れ煩悩に打ち勝った瞬間などが、釈迦の一生を表わす「仏伝美術」の主要場面として、繰り返し彫刻や絵画で表現されてきた。

その中で、インドではテーマとして取り上げなかったにもかかわらず中国で好まれたのが、苦行を捨て山から出てきた「出山《しゅっせん》釈迦像」である。後世の記録から、唐代・宋代の成道会もその前で修されたと類推されている。

◇仏名会

釈迦が悟りを開かれた十二月八日には、仏名会を行う寺院も少なくない。

滋賀県大津の石山寺や京都の嵯峨釈迦堂（清凉寺）では、八日までの三日間、過去・現在・未来のそれぞれ一千仏、合わせて三千仏の名前を唱える「仏名会」が行われ、嵯峨釈迦堂では、「清凉寺式釈迦如来像」の根本像である三国伝来の釈迦像が御開帳される。

釈迦の坐禅を追体験

永平寺の臘八摂心

◉道元が始めた「仏成道会」

日本での成道会《じょうどうえ》は、平安時代前期の法令集『延喜式』に、奈良の西大寺で、後世とは異なる三月十五日に行ったことが記録されているものの、釈迦の誕生日の灌仏会（花祭り）、命日の涅槃会のように盛んでは無かった。

曹洞宗を開いた道元は、その語録『永平広録』の中で、「仏成道会」を日本に伝えたのは自分であり、以後「伝えて行うべし」と語っている。実際、成道会は鎌倉時代以降に広く行われるようになった。

では、最も厳しいと言われる曹洞宗大本山永平寺の「臘八摂心《ろうはつせっしん》」を、いくつかの参籠記から垣間《かいま》見てみよう。

何度も火災に遭った永平寺の堂塔伽藍はすべて江戸時

永平寺法堂　仏殿のうしろに建つ法堂（はっとう）は、他宗の講堂に当たり、ここで説法が行われる。杉の老樹が生い茂る境内には様々な建物が配置されており、常時、多くの雲水が修行している。

代以降に建てられたものだが、道元の思想は著作や語録で正しく伝わり、「坐禅こそ仏法の正門」との教えが厳格に守られている。末寺の数は一万二千、常に百五十人を越える雲水《うんすい》（修行僧）が修行に励んでいる。

◉八日間「只管打坐」

摂心は十二月一日に始まり、一週間続く。この間雲水は、午前三時から午後九時まで坐禅漬けの生活に入るので、就寝は午後の十時、起床は午前二時という厳しい日々を送るのだという。「この坐より摂心」の声が僧堂内に響き、いよいよ坐禅三昧《ざんまい》となる。激しい作務《さむ》（労働）や日常の読経もなく「只管打坐《しかんだざ》」、ひたすら坐るのだという。

　そして八日午前一時、雲版《うんぱん》と木版《もっぱん》を交打する「大開静《だいかいじょう》」が鳴り響いて坐禅は終了し、仏殿《ぶつでん》での成道会となる。

釈迦出山図（永平寺）　山中での長い苦行の日々が伸びた髭と髪で表現されている。成道会は、この図の前で行われる。

須弥壇上に掲げられた「釈迦出山図」に粥を捧げ、『大《だい》悲心陀羅尼《ひしんだらに》』（陀羅尼とは、梵語《ぼんご》で書かれた経典を翻訳せず、音をそのまま漢字に置き換えたもの。『大悲心陀羅尼』は、禅宗で『般若心経』と並んで最もよく唱えられる）を声を揃えて読み上げる。

読経の最後に、供えられた粥が各自の手の平に盛られ、小磬の一声に合わせ一同が喫し終って、老師との禅問答がある。この時の粥は、苦行を離れた釈迦が村娘から捧げられた乳粥にちなむ特別なもので、永平寺では「五味《ごみ》粥《しゅく》」と呼んでおられるそうだ。

臘八摂心は曹洞宗に限らない。日数や時間は様々だが、栄西が伝えた臨済宗、明僧隠元が伝えた黄檗《おうばく》宗の寺院でも行い、終了後には、やはり粥が振る舞われ、それは「臘八粥《ろうはちがゆ》」、あるいは「温糟粥《うんぞうがゆ》」と呼ばれている。

◉出山の釈迦

釈迦を絶対的存在と捉えるインドでは、苦行を打ち切り坐禅に向かう失意の釈迦を礼拝対象としなかった。一方、唐代以降に盛んとなった中国の禅宗では、成道（悟り）という結果だけでなく修行の過程も重視したので、成道会では、苦悩する人間釈迦を表現した「出山釈迦像」を本尊とした。日本にも、成道会のために用意された出山釈迦像が、絵画を中心に数多く残っている。

俳人一茶も、そのような席で痩せた釈迦の姿を目にしたようだ。「臘八や　我と同じく骨と皮」の句を残している。

永平寺山門　北陸の山間地に建つ永平寺、臘八摂心が行われる時期の寒さは想像を絶するものであろう。

三世の諸仏に懺悔

仏名会

◉一年間の罪を反省

平安時代末期に編まれた国語辞書『色葉字類抄《いろはじるいしょう》』によると、「師走」は「師馳《は》す」、つまり「師が走る」が語源だという。師とは導師、すなわち法会を執り行うリーダー格の僧侶のことである。それでは、師はどこへ走ったのか。

十二月は「仏名会《ぶつみょうえ》」の季節である。導師をはじめとする僧侶は、「仏名」「御《お》仏名」とも呼ばれる法会で忙しかったのである。

仏名会は『仏名経』に基づいて行われる。同経には、仏名を唱えれば「平穏な日々を過ごせ、諸難から逃れ、諸罪が消え、将来、悟りが得られる」と説かれている。「南無〇〇仏」「南無□□仏」と列挙された三世《さんぜ》（過去・現在・未来）諸仏の名前を唱えることで、この一年間に心ならずも犯した罪を懺悔《ざんげ》し、心の穢《けが》れを洗い清めたのである。

◉仏名会の歴史

異説もあるが、元興寺の僧静安《じょうあん》が承和《しょうわ》五年（八三八）の十二月十五日から三日間、内裏の清涼殿で行ったのが最初の仏名会のようだ。やがて日取りは十九日からに変更され、その後は吉凶を占って好日が選ばれた。一日限りのこともあったが、宮中恒例の仏事として、国家と天皇の安寧が祈願された。

やがて『仏名経』が諸国に配られ、諸国の役所や国分寺などでも勤修された。讃岐守《さぬきのかみ》だった菅原道真も国内二十八万人の平安を祈って国衙で三日間勤修《ごんしゅ》したことが、道真の漢詩文集『菅家文草《かんけぶんそう》』によって知られている。光源氏の邸宅六条院の例のように（『源氏物語』）、皇族の邸宅でも行われた。僧がいくつかの仏名会を掛け持ちしてなかなか来なかったり、山野で修行する野臥《のぶし》が臨時の導師を務めたこともあった。

清涼殿での仏名会で本尊とされたのは、当初は一万三千仏図、後には三千仏図の掛軸《かけじく》だった。その掛軸の反対側には、参列者を取り囲むように地獄絵の屏風が立てられた。清少納言は、仏名会の翌日、その地獄絵を見るように言われ、恐ろしさに逃げまどったことを告白している（『枕草子』）。

三千仏図（称名寺） 過去・現在・未来、合わせて三千仏が描かれている。金沢氏の菩提寺称名寺の隣にあった尼寺伝来。

宮中・寺院で行われる本来の仏名会は、夜もすがら仏名を唱え五体投地を繰り返す厳しいもので、その間は殺生が禁じられた。しかし次第に娯楽性が高まり、僧が声を合わせて経をうたい上げる声明《しょうみょう》が中心になり、人々の関心は招いた僧への被物《かずきもの》（贈り物）に向かった。そのような仏名会を本来の懺悔の行に戻そうと、鎌倉時代の叡尊と忍性の師弟が努めたことが知られている。

しかし何はともあれ仏名会は年末恒例の行事として定着し、東大寺・知恩院などの大寺院をはじめ、幾多の寺院で今も行われている。

日本人の多くは年末の大掃除を特別視し、身辺を清潔にすることで心を清め、新たな気持ちで新年を迎えたいと無意識のうちに思っている。一年間を反省し、いわば「リセット」しようという発想の根底には、仏名会の長い歴史が影響しているのではないだろうか。

おわりに

鑑賞される仏像

仏像を拝観しようと寺院を訪れても、堂内は暗く、仏像は厨子に納められていることが多い。厨子の扉が開かれていても、内側には帳《とばり》があり、像の全体はまず見えない。燭台や花瓶、盛り上げられたお供えも視線の邪魔をする。

これに対して、博物館や美術館は仏像を彫像として愛でるには好都合で、場合によっては、美しい横顔や見事な後ろ姿まで鑑賞することができる。

仏像鑑賞の場としては展覧会も魅力的なので、数年前に東京と福岡で開催された興福寺の阿修羅展、あるいは、十年におよぶ金堂修理に合わせ各地で開催された唐招提寺展の入館者数は、それぞれ百五十万人を超えたという。書店には、仏像の写真集も数多く並んでいる。

現代人は仏像のどこに惹かれるのだろう。

ロダンに憧れパリで西洋彫刻を学んだ荻原守衛や高村光太郎は、帰国後に日本の仏像を改めて見直し、造形作品として高く評価した。仏像入門書の多くも、仏像を彫像ととらえ、時代ごとの形の流行（体型、姿勢、衣の着方、装身具など）と、仏像を造る材料や技術の変遷に多くの頁を割いている。私もかつて書いた入門書を、「仏像の歴史」「仏像イコノグラフィー」「材質と技法から見た仏像」の三部構成とした。

秘仏に対する信仰

しかし、このように仏像を彫像ととらえる見方は、近代以降のものであろう。日本人は歴史的に仏像をどのような状況で礼拝して来たのか、そのことを考えるヒントを求めて、仏教行事を巡り始めたのだが、思い出に残るのは、東大寺二月堂である。

東大寺二月堂では、三月に「お水取り」が、八月に「およく」が行われる。華やかで賑やかなお水取りと、地味で静かなおよく、法会の姿は全く異なるが、どちらの場合も、誰も目にしたことが無い秘仏の十一面観音菩薩像に敬虔な祈りが捧げられる。

多くの信者で賑わう信濃善光寺も六年ごとに開帳されるのは御前立ちの阿弥陀三尊像なので、こちらも本尊像はその存在すら不明である。浅草の浅草寺も、また然りである。

これらの場合、信者や僧侶にとって本尊像はどのような意味を持つのだろう。誰も見たことの無い秘仏に深い祈りを捧げる場に居合わせると、日本人にとって仏像とは何ぞや、との思いに改めて駆られる。

信仰の遺産としての仏像

日本人は、神仏を拝む時に自然に目を閉じる。一方、今の仏像ブームは、仏像を見るブームのようだ。「見仏」「観仏」という言葉も新解釈で使われている。

私も、展覧会や美術館・博物館での仏像鑑賞を楽しむ一人だが、過去にはその仏像の前で人々が目を閉じ頭を垂れていたこと、また現在もその仏像の前で真摯に祈る人々がおられることを忘れないでいたいと思う。

もう一つ忘れないでいたいと思うことは、仏像を守って来た人々のことである。

仏像は、当然のことながら、信仰の証しとして造られたのだが、それらの像が今日あるのもまた信仰の力のお陰である。具体的には、その仏像の前で繰り広げられた法会や行事が、仏像を今日に伝える大きな役割を果たして来た。想像される幾多の困難を乗り越えて仏像を守った人々の歴史にも関心を持ちたいと思う。

私は仏教徒ではないが、仏像には手を合わせる。その合掌には、よくぞ今日まで御無事でいらっしゃいましたという感謝の気持ちと、これからもどうぞ御無事でという祈念の気持ちを籠めている。


仏像に心惹かれ美術史の研究対象としてから四十余年の歳月が流れた。貴族の日記や寺院の記録をひもとき、仏像を法会や行事の場で見直して来た。深く研究することになった迎講・来迎会とも、そのような作業を通して遭遇したのだが、季節の法会・行事を巡る仏像に関しては、昭和五十七年一月から九月に月刊誌『萌春』(三一六〜三二四号)に、また平成二十一年一月から十二月の土曜日に『中日新聞』に、いずれも「仏像歳時記」と題して連載した。本書は、それらの原稿がもとになっているが、連載では様々な制約があったので、全面的に書き改めた。また、新たなテーマも加え、図版を増やした。

日本人にとり仏像はどのような存在だったのかという疑問に対する答えはまだ見付からないのだが、本書をきっかけに、それぞれの仏像に手を合わせて来た人々の営み、それぞれの仏像が経てきた歴史に思いを馳せていただければ、望外の幸せである。

本書が成るに当たっては、オフィス・ユーの田中幸子氏に大変お世話になり、また佐藤壮太氏にお手伝いいただいた。長く原稿を待っていただいた東京堂出版の酒井香奈氏にも感謝申し上げたい。さらに、連載時にお世話になった中日新聞名古屋本社の松本和久氏にも御礼を申し上げたい。


(平成二十五年七月)

寺　名	行　事	期　間	所在地	問合せ	アクセス
大報恩寺（だいほうおんじ）	遺教経会 →51頁	2月9日～15日	京都市上京区今出川通七本松上る溝前町	075-461-5973	京都駅から市バス「上七軒」下車、徒歩3分
當麻寺（たいまでら）	来迎会 →99頁	5月14日	奈良県葛城市當麻1263	0745-48-2008	近鉄当麻寺駅から徒歩約15分
達磨寺（だるまじ）	達磨会式 →158頁	4月11日	奈良県葛城郡王寺本町2-1-40	0745-31-2341	① JR王寺駅から徒歩約15分 ② JR王寺駅・近鉄王寺駅・新王寺駅からバス「張井」下車すぐ
長建寺（ちょうけんじ）	弁天祭 →124頁	7月4日日曜日（護摩祈祷）	京都市伏見区東柳町511	075-611-1039	①京阪電車中書島駅下車、徒歩約3分、②京都駅市バス「中書島」下車、徒歩約3分
朝護孫子寺（ちょうごそんしじ）	毘沙門天王祭 →115頁	7月1日～5日	奈良県生駒郡平群町信貴山	0745-72-2277	① JRまたは近鉄王寺駅からバス「信貴大橋」下車、徒歩5分　② JRまたは近鉄王寺駅から車で約13分
伝香寺（でんこうじ）	地蔵会 →152頁	7月23日	奈良市小川町24	0742-22-1120	JR奈良駅または近鉄奈良駅から徒歩約10分
東大寺（とうだいじ）	修正会 →27頁	1月7日	奈良市雑司町406-1	0742-22-5511	① JRまたは近鉄奈良駅から市内循環バス「大仏殿春日大社前」下車徒歩5分 ②近鉄奈良駅から徒歩約20分
	お水取り →34頁	3月1日～15日			
	仏生会 →86頁	4月8日			
	およく →133頁	8月9日			
法明寺（鬼子母神）（ほうみょうじ）（きしもじん）	御会式 →173頁	10月16日～18日	東京都豊島区雑司が谷3-15-20	03-3982-8347	JR池袋駅東口または目白駅から徒歩約15分
法隆寺（ほうりゅうじ）	修正会 →30頁	1月8日～14日	奈良県生駒郡斑鳩町法隆寺山内1-1	0745-75-2555	JR法隆寺駅から徒歩約20分またはバス「法隆寺門前」下車
法輪寺（ほうりんじ）	十三参り →58頁	3月13日～5月13日 10月～11月	京都市西京区嵐山虚空蔵山町68	075-862-0013	① JR嵯峨嵐山駅から徒歩5分 ②京福電鉄嵐山駅から徒歩4分 ③阪急電鉄嵐山駅から徒歩2分
三井寺（園城寺）（みいでら）（おんじょうじ）	千団子祭 →106頁	5月中頃の土日	滋賀県大津市園城寺町246	077-522-2238	京阪電鉄三井寺駅から徒歩約10分
六道珍皇寺（ろくどうちんのうじ）	盆行事 →138頁	8月7日～10日	京都市東山区大和大路通四条下る四丁目小松町595	075-561-4129	①京阪電車清水五条駅から徒歩約20分 ②京都駅から市バス「清水道」下車、徒歩約5分

寺と行事の情報（配列は50音順。期間は平成25年7月現在）

寺　名	行　事	期　間	所在地	問合せ	アクセス
化野念仏寺（あだしのねんぶつじ）	千灯供養→150頁	8月23日〜24日	京都市右京区嵯峨鳥居本化野町17	075-861-2221	京都駅または京福電鉄嵐山駅からバス「鳥居本」下車、徒歩約5分
永平寺（えいへいじ）	臘八摂心→182頁	12月1日〜8日	福井県吉田郡永平寺町志比5-15	0776-63-3102	①福井駅から永平寺ライナー（京福バス）②えちぜん鉄道永平寺口駅からバス「永平寺門前」下車、徒歩5分
興福寺（こうふくじ）	涅槃会→43頁	2月15日	奈良市登大路町48	0742-22-7755	①近鉄奈良駅から徒歩約5分 ② JR奈良駅からバス（市内循環外回り）「県庁前」下車すぐ
	文殊会→62頁	4月25日			
	弁天祭→121頁	7月7日			
弘法寺（こうぼうじ）	踟供養→95頁	5月5日	岡山県瀬戸内市牛窓町千手	0869-34-2050（遍明院）	① JR岡山駅から車で約50分 ② JR西大寺駅から車で約20分
光明寺（こうみょうじ）	お十夜→168頁	10月12日〜15日	神奈川県鎌倉市材木座6丁目17-19	0467-22-0603	① JR鎌倉駅から徒歩約25分 ② JR鎌倉駅からバス「光明寺」下車すぐ
四天王寺（してんのうじ）	彼岸会→71頁	3月17日〜23日	大阪市天王寺区四天王寺1丁目11-18	06-6771-0066	① JR天王寺駅または地下鉄御堂筋線天王寺駅から徒歩約12分 ②地下鉄谷町線四天王寺前夕陽ヶ丘駅 から徒歩 5分
勝鬘院（しょうまんいん）	愛染まつり→110頁	6月30日〜7月2日	大阪市天王寺区夕陽丘町5-36	06-6779-5800	①地下鉄谷町線四天王寺前夕陽ヶ丘駅から徒歩2〜3分 ② JR天王寺駅から徒歩約15分
真如堂(真正極楽寺)（しんにょどう）（しんしょうごくらくじ）	お十夜→164頁	11月5日〜15日	京都市左京区浄土寺真如町82	075-771-0915	京都駅から市バス「真如堂前」または「錦林車庫前」下車、徒歩約8分
善光寺世尊院（ぜんこうじせそんいん）	涅槃会→47頁	2月15日あるいは3月15日	長野市元善町475	026-232-4724	① JR長野駅善光寺口バスロータリーからバス「善光寺大門」下車 ②長野電鉄善光寺下駅から徒歩7〜8分
浅草寺（せんそうじ）	四万六千日→130頁	7月9日〜10日	東京都台東区浅草2-3-1	03-3842-0181	東武伊勢崎線・東京メトロ銀座線・都営地下鉄浅草線・つくばエクスプレスいずれも浅草駅から徒歩5分
千本閻魔堂(引接寺)（せんぼんえんまどう）（いんじょうじ）	盆行事→141頁	8月7日〜16日	京都市上京区千本通蘆山寺上る閻魔前34	075-462-3332	京都駅から市バス「上七軒」下車、徒歩3分

〈著者紹介〉

關 信子（せき のぶこ）

美術史家。東京教育大学卒業、同修士課程修了。文学博士。専門は仏教美術史。主な著書に『仏像のみかた』（保育社）、『千手山弘法寺踟供養』、監修・編著に『仏像』（山と渓谷社）、近刊に『迎講の歴史と美術－来迎する阿弥陀の造形－』（中央公論美術出版）などがある。

〈写真協力一覧〉

飛鳥園……… *46, 63, 98*（4点とも）, *123*
岩波書店……… *30*
永平寺……… *183*
大阪府立中之島図書館…… *74*
神奈川県立金沢文庫……… *119, 186*
鎌倉国宝館……… *145*
京都国立博物館……… *158*
光明寺……… *170*（2点とも）
国立国会図書館……… *24*
佐藤隆英……… *18*
勝鬘院……… *111, 114*
真如堂（真正極楽寺）…… *162, 166*（2点とも）, *167*
千本閻魔堂（引接寺）…… *142～143*
太宰府市市史資料室……… *178*
中央公論美術出版……… *52*
長建寺……… *125*
朝護孫子寺……… *115*
伝香寺……… *152*
長野県立歴史館……… *50*
奈良国立博物館……… *29, 31, 35, 59, 70*（上）, *75, 83, 85, 87, 102～103, 135, 147, 154, 159*（以上撮影：森村欣司）, *179*（撮影：佐々木香輔）
福井県観光協会……… *182, 184*
法明寺……… *174*（2点とも）
三井寺（園城寺）……… *107*
武庫川女子大附属図書館 *70*（下）
臨川書店……… *36, 49, 61, 89*
六道珍皇寺……… *139*
TNM image Archives ……… *82*
關 信子……… *27, 42, 47, 51, 62, 68, 86, 91, 94, 95, 97, 99, 103, 106, 110, 117, 121, 122, 126, 150*

仏像歳時記

2013年8月10日 初版印刷
2013年8月20日 初版発行

著 者 關 信子

発行者 小林悠一
発行所 株式会社東京堂出版 http://www.tokyodoshuppan.com/
〒101-0051 東京都千代田区神田神保町 1-17
電話 03-3233-3741 振替 00130-7-270

企画・編集協力 有限会社オフィス・ユウ
ブックデザイン 佐藤壮太
印刷・製本 東京リスマチック株式会社

ISBN978-4-490-20837-5 C0071 Printed in Japan